HISTOIRE
DES RÉVOLUTIONS
DE FRANCE.

ASSEMBLÉE LÉGISLATIVE.

L'Histoire des Révolutions de France est
divisée en plusieurs époques qui peuvent
se vendre séparement.

1.re époque.	Assemblée constituante.	1 vol.
2.me	Assemblée législative.	1 vol.
3.me	Convention nationale.	3 vol.
4.me	Directoire exécutif.	2 vol.
5.me	Consulat.	1 vol.
6.me	Empire.	3 vol.
7.me	Depuis la restauration jus-qu'au 20 mars 1815.	1 vol.
8.me	Depuis le 20 mars jus-qu'au 8 juillet 1815.	1 vol.
9.me	Depuis la seconde restaura-tion jusqu'à nos jours.	1 vol.

HISTOIRE

DES RÉVOLUTIONS

DE FRANCE.

ASSEMBLÉE LÉGISLATIVE.

Par l'Auteur de l'Histoire des opérations de l'Armée Royale, sous les ordres de Monseigneur, Duc d'Angoulême, etc.

PARIS,

Chez LE NORMAND, rue de Seine, n.º 8.

A AVIGNON,

Chez PIERRE CHAILLOT Jeune,
Impr.-Libraire, Place du Change.
1817.

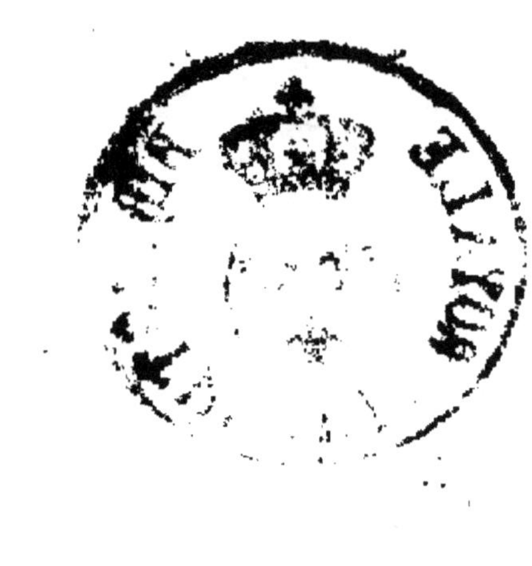

HISTOIRE
DES RÉVOLUTIONS
DE FRANCE.

LIVRE II.
ASSEMBLÉE LÉGISLATIVE.

CHAPITRE PREMIER.

Ouverture des travaux de l'Assemblée Législative. Début sinistre. Discours du Roi. Changement de Ministres. Tricoteuses ou Société fraternelle. Loi contre les Emigrans.

A PEINE l'assemblée constituante eut-elle terminé sa session qu'elle fut remplacée par une nouvelle assemblée qui prit le nom de législative, elle ne fut composée que d'hommes sincèrement attachés à la constitution et de démagogues forcénés ; quoique ces derniers fussent en minorité, ils y

dominèrent presque toujours ; soutenus par les aboyeurs et les bourreaux,
ils régnèrent par la terreur, et c'est à
leurs machinations infernales que nous
devons la chûte du trône, et les malheurs qui en ont été les suites.

Dès ses premières séances, cette assemblée insulta à la majesté royale, par
un décret sur la manière dont elle devait recevoir le Roi. L'impression que
fit sur les Parisiens, un acte qui fesait pressentir une division entre les
deux pouvoirs fut si forte, que les effets publics baissèrent, que les hommes modérés de tous les partis s'en
indignèrent, et l'assemblée forcée de
se rendre au cri de l'opinion, le rap-
porta le lendemain.

Le Roi se rendit dans son sein, et
dans un discours où il fit connaître à
l'assemblée les devoirs qu'elle avait à
remplir, il fit entendre ces paroles pa-

ternelles : « Pour que vos importans
» travaux, pour que votre zèle pro-
» duise le bien qu'on doit en atten-
» dre, il faut qu'entre le corps légis-
» latif et le Roi, il règne une cons-
» tante harmonie, une confiance inal-
» térable. Les ennemis de notre repos
» ne cherchent que trop à nous désu-
« nir; mais que l'amour de la patrie
» nous rallie, et que l'intérêt public
» nous rende inséparables. » Des acclamations unanimes accompagnèrent
S. M. à son retour, et firent espérer
que les paroles du Monarque, en fesant une si agréable sensation sur l'esprit des députés y réaliseraient cette
concorde si indispensable au repos des
peuples gouvernés par le système re-
présentatif.

Mais que peut le désir du bien public, contre un horde de conjurés ,
tout-puissans, et conjurant la ruine

de la monarchie ? aussi, les ministres furent bientôt l'objet des sarcasmes , des insultes et des accusations les plus graves : on leur demanda un rapport sur la situation de la France , ils désirèrent un répit pour présenter ce rapport avec plus de vérité et de connaissance des faits ; il fallut s'expliquer sur - le - champ , et M. de Montmorin craignant de nouveaux outrages de la part d'une réunion d'hommes méfians et pervers , donna sa démission et fut remplacé par M. Delessart.

M. Duportail également en butte aux mêmes humiliations, suivit l'exemple du ministre des affaires étrangères. Il reçut pour successeur M. de Narbonne dont la conduite n'est pas exempte de blâme , autant par les louanges qu'il prodigua aux révolutionnaires , que par ses liaisons avec le parti qui voulait la guerre. Aussi lors-

que, dans la suite, le Roi lui rede-
manda le porte-feuille, l'assemblée
décréta que ce ministre emportait les
regrets de la nation.

Les rassemblemens armés des émigrans sur les frontières inquiétaient
vivement les factieux ; ils ne cessaient
dans leurs feuilles, dans les placards,
aux tribunes des clubs, au milieu des
groupes, de demander des lois de
sang contre ces hommes qui fuyaient
la mort et leurs propriétés incendiées.
Depuis le commencement de la révolution, les femmes jouaient un rôle
actif dans les désordres publics ; sous
le nom de *tricoteuses*, elles assistaient
journellement aux séances de l'assemblée, y couvraient de huées les orateurs qui leur étaient signalés comme
aristocrates, et applaudissaient avec fureur aux discours révolutionnaires ;
elles se réunissaient sous le titre de

Société fraternelle , dans une salle attenante à celle des Jacobins , et lorsqu'ils avaient besoin pour arriver à l'exécution de leurs projets de quelques motions atroces ou de quelques mesures préliminaires et violentes dont un reste de pudeur leur défendait de se charger , ils mettaient en avant ces femmes déhontées , et c'est par elles qu'ils firent demander à l'assemblée un décret de mort contre les émigrés.

Une loi pénale parut contre eux, elle ne leur donna que jusqu'au 1.er janvier pour rentrer en France sous peine d'être déclarés coupables de conjuration et punis comme tels , leurs biens devaient être sequestrés et leurs revenus perçus au profit de l'état.

Les agitateurs en provoquant un décret aussi inique , avaient un double but ; celui qu'ils n'ont jamais abandonné, l'extermination des soutiens du trône , et celui de compromettre Louis XVI aux yeux d'une populace aveugle et féroce , en présentant à son acceptation un décret qu'il ne pouvait sanctionner, puisque cette loi inquisitoriale condamnait au dernier supplice ses propres parens. Aussi dans une proclamation où il déclarait qu'il improuvait l'émigration , qu'il fesait tous ses efforts pour l'empêcher, il dit : « Qu'il ne pouvait sanctionner une loi » dont les articles rigoureux ne com- » patissaient point avec les mœurs de » la nation et les principes d'un gou- » vernement libre. »

A 4

CHAPITRE II.

Troubles causés par les opinions religieuses. Acharnement des révolutionnaires contre le Clergé. Décret contre les Prêtres insermentés. Refus du Roi de le sanctionner. Péthion Maire. Décret d'accusation contre Monsieur, frère du Roi.

L'INTOLÉRANCE des philosophes du dix - huitième siècle produisait dans les provinces des insurrections causées par le schisme qui existait entre les prêtres assermentés et les réfractaires. Un grand nombre des premiers étaient des hommes dont toute la vie avait été en opposition avec leur caractère, dont les mœurs relâchées étaient le scandale des peuples et qui semblaient profiter des nouvelles lois pour se mettre au-dessus du mépris public et à l'abri des remontrances de leurs su-

périeurs. Pour se venger du peu de
confiance que les fidelles avaient en
eux, ils ne cessaient d'aigrir les révolutionnaires contre les prêtres, qui
par leurs vertus, leurs bons exemples
et la sainteté de leur vie, offraient un
contraste qui ne tournait pas à leur
avantage.

Dans l'Anjou, le Poitou, la Breta-
gne et dans beaucoup de petites villes
et villages des départemens, les prêtres
jureurs furent chassés ignominieuse-
ment comme des hommes indignes de
desservir les autels d'un Dieu de paix.
Dans les grandes villes, où les mœurs
étaient plus dépravées, c'était contre
ceux qui se refusaient de prêter un
serment contraire à leurs consciences
qu'on dirigeait la furie populaire. Des
émeutes violentes se renouvelaient
journellement; à Montpellier, à Caen,
elles furent suivies d'effusion de sang.

Les jacobins furieux de l'opposition que l'homme simple des campagnes montrait à leurs principes anarchiques, firent encore agir de nouvelles mégères pour demander des lois pénales contre les prêtres réfractaires ; mais le Président de l'assemblée nationale , répondit à ces femmes dévergondées.: *La nature vous a destinées à la consolation de l'homme , la loi vous appelle au maintien et à la perpétuité des familles , contentez-vous de cette destination , et laissez aux hommes le soin de maintenir l'ordre public.* Les honneurs de la séance leur furent refusés.

Loin d'être refroidis par l'affront que leurs dignes ambassadrices venaient de recevoir , les conjurés ne s'acharnèrent qu'avec plus de furie à poursuivre les ministres de la religion catholique. Des mesures violentes furent proposées , des discours où respirait l'impiété la plus révoltante , demandaient l'expulsion du royaume de tous les prêtres insermentés ; un prêtre , un évêque du Calvados laisse échapper ces mots impies : *en comparaison des prêtres réfractaires , les athées sont des anges.* L'assemblée en fut indignée et parmi les évèques constitutionnels , le clergé trouva des défenseurs éloquens qui répondirent avec énergie aux atroces extravagances des Fauchet et des Chabot.

Cependant l'opinion des ennemis de la religion prévalut : un décret soumit au serment tous les ecclésiastiques non sermentés , ceux qui se refuseraient à le prêter ou qui se rétracteraient seraient privés de leurs pensions et traitemens , déclarés suspects et par-là soumis à la surveillance des autorités. On les rendait responsables de l'intérêt qu'ils inspiraient aux fidelles dans leur détresse , au moindre trouble causé par les opinions religieuses , ils étaient expatriés, et s'ils refusaient d'obéir , ils étaient condamnés à deux ans de détention et l'exercice de leur ministère leur était défendu.

L'opinion publique se prononça fortement contre cette nouvelle persécution. Le directoire du département de Paris , présenta une pétition au Roi : elle le suppliait de ne pas donner sa sanction à un décret aussi immoral, et après avoir rappelé la barbarie des empereurs dans les premiers siècles du christianisme, l'intolérance des anglais à l'égard des catholiques, la sévérité de Louis XIV envers les calvinistes , « sous le prétexte de suspect , » ajoutaient-ils , il n'est aucune persécution religieuse qu'on ne puisse » justifier. Un siècle entier de phi- » losophie n'aurait-t-il donc servi ,

» qu'à nous ramener l'ignorance du
» seizième siècle par la route de la
» liberté. » Et ils terminaient par inviter le monarque à employer tous ses
moyens pour faire dissiper les rassemblemens d'émigrés. Louis XVI se rendit à leurs instances, le veto royal fut
apposé sur le décret, et il se rendit
à l'assemblée pour lui faire connaître
les moyens qu'il avait pris pour dissoudre les corps armés d'émigrans.

Les agitateurs irrités du courage des
administrateurs du département, es-
sayèrent de soulever contre eux la
populace de Paris. La terrible société
fraternelle fut encore chargée de cette
manœuvre, elle se chargea de les dé-
noncer à l'assemblée. L'orateur Ca-
mille Desmoulins eut beau dire, que
la pétition du directoire était le premier feuillet d'un registre de contre-
révolution. Cette phrase fit peu d'ef-

fet, et les pétitionnaires ne recueilli-
rent de leurs cabales que la honte
d'avoir produit quelques légers troubles.

Dans ces entrefaites M. Bailly ayant
donné sa démission de maire de Paris,
le général la Fayette et Péthion se
mirent sur les rangs pour le remplacer. Ce fut dans cette occasion que se
montra la faiblesse ou plutôt la lâcheté du parti constitutionnel ; ardent
et vigoureux, lorsqu'il fallait combattre les partisans de la monarchie, et
pusillanime, lorsqu'il se trouvait en
opposition avec les anarchistes, il se
laissa enlever la victoire. Péthion fut
nommé maire, et la Fayette malgré
son ancienne popularité, en butte à la
haine des jacobins, fut obligé de céder
à celui que les factieux avaient naguère
promené en triomphe avec Roberspierre.

Le club des Feuillans où se réunissaient les constitutionnels , devint l'objet des insultes de la populace , et l'on
fut obligé d'employer la force armée ,
pour y délibérer en repos.

Malgré la lettre du Roi qui les in-
vitait de rentrer dans le royaume ,
et les menaces de l'assemblée , qui
voulait les y forcer , les princes français ne crurent pas devoir venir se li-
vrer à des hommes perfides , qui ne dé-
siraient que leur réunion pour les égorger tous à-la-fois. Le premier janvier
1792 , l'assemblée les décréta d'accusation , et par une dérision offensante
envers le trône, elle supprima le même
jour , l'usage d'aller rendre au monarque les hommages de la nouvelle
année.

CHAPITRE III.

Puissance des Clubs. Influence de la Commune. Décret d'accusation contre le Ministre Delessart. Démissions des Ministres. Nouveau Ministère.

La puissance du club des Jacobins s'accroissait tous les jours davantage, et leurs orateurs ne déguisaient plus que leur but était la république, où un changement de dynastie. Carra y fit la proposition de détrôner Louis XVI, et de placer la couronne de France sur la tête du duc d'Yorck. La guerre y était demandée à grands cris. Tout ce qui avait une opinion démagogique ou qui était connu par un nom célèbre par des assassinats, y était parfaitement accueilli, et pourvu qu'une motion fût atroce, homicide, elle était applaudie avec l'enthousiasme et les transports de la démence. L'affiliation de cette association infernale avec tous les clubs du royaume, formait une chaîne électrique, qui se communiquant rapidement d'un bout de la France à l'autre, y imprimait au même instant le même mouvement, et plongeait le gouvernement dans une effrayante inertie ; par ses ramifications et ses intrigues, elle dominait dans les assemblées primaires, et ses dignes affiliées écartant par des émeutes, les hommes de bien qui se présentaient pour voter, elle devenait la directrice de toutes les élections. Si des administrations n'étaient point à la hauteur du jacobinisme, par des dénonciations et des menaces d'assassinat, on les forçait à donner leur démission. Les municipalités étaient obligées de venir, dans ces repaires de brigandage, recevoir des ordres et des instructions. Les juges étaient influencés sur leur

siéges , et ces sociétés se garantissant
une protection armée , elles exerçaient
sur toute la surface de l'empire un despotisme insupportable , et y répandaient une sombre épouvante.

L'anarchie régnait dans Paris et dans
presque tous les départemens ; la valeur des assignats diminuait par l'énorme et croissante multiplication de cette
monnaie fictive ; le prix des marchan-
dises de première nécessité, qui par les
mêmes raisons augmentait , exaspérait
une populace à qui on avait fait croire
que les assignats valaient des écus ; à
Paris , où l'autorité veillait à ce que le
pain fût à bas prix , elle pillait les ma-
gasins des épiciers , sous le prétexte
qu'ils spéculaient sur les malheurs publics , et le Maire Péthion , pour ne
rien perdre de sa popularité , fermait
les yeux sur ces désordres ; dans les
provinces, des attroupemens nombreux

parcouraient les campagnes , les mar-
chés , et pillaient les grains.

La nouvelle composition de la municipalité , l'énorme puissance du club
des jacobins , l'audace intolérable de
celui des cordeliers , la démoralisation
du bas peuple , et l'entreprenante
effronterie de la minorité de l'assemblée donnait aux agitateurs de la
capitale une prépondérance qu'il
était difficile de leur disputer , ils
remplissaient les tribunes du corps
législatif , d'hommes turbulens et de
femmes furieuses qui couvraient de
huées les orateurs dont l'éloquence
était redoutable aux ennemis de la
monarchie , souvent même si la majo-
rité ne leur était pas favorable , ils
fesaient un vacarme si épouvantable
que l'assemblée était obligée de se
dissoudre. Fiers d'être soutenus par
la commune , ils s'inquiétaient peu des

mesures répressives que les législateurs auraient pu prendre, et c'est à l'influence de cette même commune que nous devons les journées sanglantes qui achevèrent la ruine du trône.

Le Roi redoutant les chances et les funestes effets de la guerre voulait la paix, son ministre des relations extérieures M. Delessart secondait ses dispositions pacifiques. Agissant contre les intentions du monarque, M. de Narbonne favorisait le parti qui demandait la guerre, soit qu'il crût que le Roi serait plus affermi, soit que présumant des succès il voulût se faire une réputation. Néanmoins ses liaisons avec les hommes qui importunaient l'assemblée de leurs cris hostiles, le firent regarder comme le principal moteur de toutes ces manœuvres. Le Roi fatigué de cette division dans le ministère lui écrivit qu'il venait de nommer M. de

Grave, au département de la guerre.

Les factieux en apprenant le renvoi de Narbonne, jetèrent les hauts cris, ils votèrent des remercîmens publics à la conduite de ce ministre et conçurent contre Delessart une haine si violente que sa perte en fut jurée.

Les cris de guerre recommencèrent avec plus de force, les furies de la société fraternelle vinrent demander à l'assemblée qu'on les organisât en bataillon, une députation du faubourg Saint-Antoine exprima le même vœu; toutes ces machinations pour rendre le ministre chéri du Roi, odieux au peuple, réussirent. Brissot demande un décret d'accusation contre cet homme vertueux, il le dénonce comme un traître à la patrie ; Vergniaud , par une calomnie atroce, (il le signale comme l'auteur du massacre de la glacière d'Avignon) décide l'assemblée

à prononcer le terrible décret d'accusation , et l'infortuné ministre , contre
la volonté du Roi qui le conjurait
de se dérober à ses ennemis , se rendit lui-même à Orléans , et ne sortit
de prison que pour tomber sous le
fer des assassins.

L'injustice de l'assemblée envers
cet homme de bien porta le découra-
gement dans le ministère; ne voulant
pas servir d'instrument aux jacobins , et
ayant tout à redouter en servant fran-
chement la cause de la monarchie , les
ministres donnèrent leurs démissions ,
et le Roi pour en trouver de nouveaux
fut forcé de les choisir parmi ceux que
lui indiquèrent ses ennemis. Dumou-
riez que nous verrons bientôt affublé de l'infame bonnet rouge fut promu au ministère des relations extérieures ; M. de Grave eut pour
successeur , Servan ; de la Coste

remplaça M. de Molleville ; les finances furent confiées au génévois Clavière, connu par ses agiotages ; les sceaux furent donnés à M. Duranton, et le républicain Roland eut le département de l'intérieur.

CHAPITRE IV.

Révolutions d'Avignon. Pillage des greniers publics. Journée du 10 Juin. Assassinats. Pillage de Cavaillon. Bataille de Sarrians. Saccagement de cette Ville. Belle défense des Carpentrassiens. Mort du général Patrice. Jourdan Coupe-tête. Retour de l'armée des brigands dans Avignon. Mort de Lescuyer. Massacre de la Glacière. Entrée des troupes de ligne. Poursuites juridiques exercées contre les bourreaux de la Glacière. Ils sont amnistiés.

Si les amis de l'ordre avaient tout à craindre d'une assemblée avilie, où leurs voix étaient étouffées par une minorité factieuse et toute-puissante, les assassins de tous les pays y trouvaient des défenseurs zélés. Les égorgeurs de la glacière d'Avignon, dont les crimes avaient épouvanté l'Europe, et dont l'effrayant souvenir glace encore d'horreur, y trouvèrent des apologistes

tes qui à force d'intrigues et de menaces parvinrent à les amnistier. Les révolutions de ce malheureux pays ont trop de rapport et se lient trop intimement avec celles de France , puisque c'est dans cette ville que des émissaires envoyés par les factieux de la capitale fesaient l'essai des horreurs qui se répétaient ensuite dans tout l'Empire, pour que je n'en trace pas une légère esquisse.

La ville d'Avignon jouissait sous les Papes , d'une paix et d'une prospérité que ses privilèges lui garantissaient ; sa constitution était celle des républiques italiennes du 13me siècle ; le Saint Père était moins le souverain que le protecteur de ce petit Etat , il y était représenté par un Vice-Légat.

Dès le principe de la révolution française , des germes de mécontentement se firent remarquer, le supplice d'un mulâtre accusé d'avoir assassiné dans la même personne son maître et son père, et qu'on prétendait innocent, la jalousie contre quelques italiens en place, à qui l'on reprochait des concussions, excitèrent des murmures ; des étrangers, des praticiens, des commerçans profitèrent d'unelégère augmentation dans les grains pour pousser la populace à la révolte, les greniers publics furent pillés, les armoiries arrachées de dessus la porte des maisons consulaires, et sans l'arrivée de M. de Crillon-Mahon dont la présence en imposa aux rebelles, cette première émeute aurait eu des suites funestes.

A l'époque où la France prit spontanément les armes pour repousser des brigands qui n'existaient pas, une garde bourgeoise fut créée, mais au-lieu de l'organiser par compagnies on la divisa par paroisses , et chaque citoyen ayant le droit de se ranger sous les drapeaux de la paroisse qui convenait le mieux à son opinion , les partis se séparèrent , s'observèrent , et à la couleur du pompon , on disait : un tel est aristocrate, ou patriote.

Les assemblées des corporations devinrent le foyer de l'opposition la plus ouverte , là brillaient ces orateurs qui calculaient leur fortune sur le bouleversement général , ceux qu'une aveugle ambition a entraînés dans le gouffre qu'ils ont eux-mêmes entrouvert , et ces quelques hommes honnêtes , qui d'abord séduits par le beau idéal de la réformation des abus ont ensuite versé des larmes amères sur leur imprudence , ou expié leur erreur par une mort cruelle, reçue des mains de ceux que leur exemple avait égarés.

Pie V dans le seizième siècle fit les

plus grands sacrifices pour préserver le Comtat de l'influence du calvinisme, il y fit passer des troupes à plusieurs reprises, et l'or ne fut pas épargné. Si Pie VI avait imité ce pontife, si au-lieu de promulguer des bulles il avait envoyé de l'argent et des soldats, cette province serait devenue le point de ralliement des amis de la monarchie, une armée royale s'y serait rapidement organisée, vu le bon esprit du pays et les nombreuses recrues que les départemens voisins auraient fournis, le camp de Jalès y aurait trouvé de puissans auxiliaires, et les anarchistes du Midi auraient été contenus; mais les agitateurs le prévirent, et se hâtèrent de révolutionner cette belle et malheureuse contrée, aussi, le Vice-Légat sans appui dans des gardes qui le trahissaient, ni dans des partisans qui ne savaient pas conspirer, semblait attendre

le moment de sa chûte, comme l'homme condamné attend le supplice auquel il s'est résigné.

Le 10 juin 1790, les partis se trouvèrent en présence ; à la tête des soutiens de l'antique constitution, étaient
des officiers pleins de valeur, mais sans
expérience des guerres civiles et n'ayant
pour les seconder que des hommes honnêtes, qui avaient horreur du sang, et
avec de tels soldats l'on est rarement
vainqueur. Sans chefs militaires, les
révolutionnaires n'avaient pour les gui-
der que des avocats ou des négocians,
mais la masse des combattans était ce
qu'il fallait pour vaincre, des indivi-
dus perdus de dettes et ayant tout à
gagner dans les troubles, des milliers
de paysans endoctrinés par les prédications démagogiques, des hommes séduits par le prestige trompeur des idées
libérales, et cette réunion extrême de

tout ce qui espère un bien-être dans un changement de gouvernement, et tous ayant à craindre un juste châtiment après leur défaite étaient d'autant plus intéressés à combattre avec acharnement pour s'assurer l'impunité. Cependant la victoire sourit aux amis de l'ordre, et sans la lâche trahison des gardes du Vice-Légat, qui rivalisaient de perfidie avec les gardes françaises, elle se serait fixée sous leurs drapeaux ; mais cette troupe mercenaire ayant eu la bassesse de trahir son Prince, ouvrit les portes du Palais (*) et de l'arsenal aux factieux, qui devenus maîtres de la forteresse et de l'artillerie en imposèrent facilement à leurs adversaires, et la chance tourna entièrement à leur faveur.

(*) Vieille forteresse gothique, bâtie par les Papes, pendant leur séjour à Avignon.

Dès-lors l'anarchie la plus complette régna dans cette malheureuse ville , trois mille citoyens avec leurs familles l'abandonnèrent , des milliers de paysans du voisinage appelés par les agitateurs vécurent à discrétion dans leurs maisons abandonnées, les prisons se remplirent, les assassinats commencèrent , quatre citoyens avaient déjà péri de la main du bourreau , lorsque le maire d'Orange, à la tête de la garde nationale de cette ville, vint mettre un terme à ses égorgemens, et sans l'arrivée de ce vertueux magistrat , qui prit sous sa sauve-garde les prisonniers , en les emmenant avec lui à Orange, le nombre des victimes aurait été plus considérable.

La guerre fut déclarée par la faction révolutionnaire , aux villes du comtat qui ne voulurent pas adopter le système destructif de tout ordre social ;

une armée fut organisée, les bandits
des provinces voisines, les déserteurs
de plusieurs régimens vinrent s'y en-
rôler, le commandement en fut donné
à un nommé Patrice.

Sous le prétexte de solder cette
horde qui se qualifia de l'honorable
titre de *brigands*, les trésors de qua-
rante églises ou couvens, qu'on peut
sans exagération évaluer à plus de
quatre millions furent pillés, et les
chefs-d'œuvres de l'art furent métamorphosés en lingots.

Cette armée se porta sur la ville de
Cavaillon et la livra au pillage, une
pareille expédition menaçant les autres
villes du Comtat, elles se liguèrent et
se réunirent à la hâte pour s'opposer à
ce torrent dévastateur. Une bataille
eut lieu dans les environs de Sarrians,
l'artillerie et les six cents déserteurs,
décidèrent la victoire en faveur des

brigands. Sarrians fut saccagé, il s'y commit des crimes atroces, le foie rôti du curé servit de pâture à ces cannibales.

Le sac de Sarrians détermina les habitans de Carpentras à s'ensevelir plutôt sous leurs murailles que d'y laisser pénétrer ces bandes assassines, et lorsque l'armée se présenta devant cette ville, elle y trouva une si vigoureuse résistance que les chefs désespérant de s'en emparer, mirent à contribution tous les villages d'alentour et y portèrent la désolation et le carnage.

Le général Patrice n'étant pas à la hauteur des principes de ses nobles frères d'armes, ils l'assassinèrent; son digne successeur, Jourdan Coupe-tête, l'un des auxiliaires envoyés par les factieux de la capitale, passa la revue de son armée, tenant dans sa bouche,

en guise de pipe , les doigts ensanglantés du malheureux Patrice.

L'assemblée ayant nommé des Médiateurs pour pacifier le Comtat , et
ses médiateurs étant soutenus par des
troupes de ligne , le siége de Carpentras fut levé , et les assaillans obli-
gés de rentrer dans Avignon. La municipalité de cette ville , rougissant
des horreurs auxquelles s'était livrée
cette troupe de scélérats , les avait
dénoncés à l'assemblée nationale. A
peine furent-ils arrivés dans Avignon ,
que la consternation remplaça le calme que leur absence y avait fait
naître ; ils entrèrent tambours battans ,
mèche allumée , en criant vive l'armée
des brigands ; ils portaient à leurs chapeaux des devises , où on lisait : *brigands de l'armée Vauclusienne.*

La conduite versatile des Médiateurs
et particulièrement de Verninac-Saint-

Maur, fut la cause de nouveaux désastres; malgré les pétitions d'un grand
nombre de citoyens , malgré les sup-
plications du conseil municipal , ces
Commissaires ayant ordonné l'éloignement des troupes de ligne , abandonnèrent cette ville infortunée à sa
triste destinée , et la livrèrent à la
rage d'une armée de bourreaux.

Dès que les révolutionnaires se virent les maîtres absolus , les pillages
et les assassinats recommencèrent avec
plus de fureur ; il se passait peu de
jour qui ne fût marqué par des violences ; plus de deux cents cloches furent
brisées et vendues à vil prix ; les tom-
bes des églises furent ouvertes , et les
hommes de bien , qui dans les élections ne votèrent point dans le sens
des factieux y furent précipités ; les
municipaux qui avaient dénoncé leurs
exactions furent emprisonnés , et ne

pouvant les assassiner juridiquement ; ils se déterminèrent à cet égorgement épouvantable , connu sous le nom de massacre de la *glacière.*

Depuis plusieurs jours , le bas peuple que les meneurs avaient entraîné dans les plus grands excès, demandait à ses chefs une reddition de compte ; le pillage des trésors , la vente du mobilier des couvens , les fortes contributions qu'ils avaient extorquées , la fonte des cloches qui allait à plus de quatre mille quintaux , formaient des sommes immenses dont il était difficile de montrer l'emploi sans avouer des gaspillages et des vols ; l'arrivée des troupes de ligne et des commissaires de l'assemblée , qui devaient venir installer la municipalité dont plusieurs membres étaient prisonniers , le rejet de M. Verninac leur patron , tout leur présageaient une chûte prochaine , il fallait

fallait à la fois imposer silence aux importunes demandes de leurs satellites et se débarrasser d'ennemis dangereux dont ils redoutaient les justes plaintes. Il fut résolu , dans une réunion que les principaux chefs tinrent quelques jours avant le 16 Octobre , de provoquer une assemblée tumultueuse, d'y faire périr un des leurs , autant pour justifier aux yeux de la France les forfaits qu'ils voulaient commettre, que pour exciter l'ardeur meurtrière de leurs bandes d'égorgeurs , et de procéder ensuite à un massacre général , qui compromettant les plus acharnés demandeurs de reddition de comptes, ils en seraient débarrassés ainsi que de leurs ennemis.

Le Dimanche 16 Octobre 1791 , une affiche manuscrite avertit le peuple , que les brigands de l'armée Vauclusienne avaient enlevé le dépôt du

Mont-de-Piété ; l'alarme se répand, le tocsin sonne à l'église des Cordeliers, tous les paysans s'y rassemblent, B...., un des administrateurs provisoires et qui était la victime désignée, instruit à temps du sort qui le menace, se cache, et le notaire Lescuyer, qui avait assisté au conciliabule et qui s'était opposé aux mesures atroces qu'on y avait résolues, ayant été rencontré par quelques paysans, est conduit aux Cordeliers.

En entrant dans cette assemblée et sachant par quelle manœuvre et dans quelles intentions elle avait été provoquée, il se vit perdu ; il fut même si affecté de cette idée, que lorsqu'on lui demanda compte du produit des ventes, il ne put répondre. Cependant ayant repris ses sens, il voulut menacer ; mais il n'était plus temps. On lui tombe dessus à coups de chaises, on

le laisse pour mort et l'on s'enfuit épouvanté.

Il eut été facile à Jourdan, à la tête
de ses satellites, de l'arracher à la mort
en se portant à son secours ; mais comme il fallait une victime, autant valait-il
que ce fût Lescuyer dont l'éloquence
avait des jaloux parmi les chefs de la
faction, et Jourdan, au-lieu de marcher sur les Cordeliers, se promène
avec du canon dans la ville afin d'en
épouvanter les habitans, et lorsqu'il
est assuré que Lescuyer a succombé
sous les coups des assassins chargés de
lui ôter la vie, il se dirige sur le ras-
semblement qui s'était déjà dissipé,
fait massacrer un malheureux qui donnait des secours tardifs à Lescuyer ex-
pirant, et retourne triomphant se joindre à ses dignes acolytes.

Dès-lors les brigands ne déguisèrent
plus leur sinistre dessein ; des patrouil-

les nombreuses parcourent les rues , des listes de proscription sont dressées, et les infortunés qui se trouvent sur la fatale liste sont conduits dans les prisons du palais. On prévit dans ces visites domiciliaires tout ce qu'on avait à craindre de leur atroce perversité; l'on vit le parent traîner son propre parent dans les fers ; le débiteur s'acharner à la poursuite de son créancier ; l'inimitié , la haine commander, calculer froidement une horrible vengeance ; une vierge ayant repoussé avec horreur la coupable proposition d'un amant dépravé , fut plongée par lui dans les cachots ; ces arrestations continuèrent bien avant dans la nuit , et lorsque la victime ne marchait pas assez vite au gré des bourreaux, à coups de crosses et de baïonnettes on pressait ses pas chancelans.

Lorsque les prisons furent encombrées, que les ombres de la nuit donnant aux habitans la faculté de se dérober plus facilement aux recherches, rendirent les visites infructueuses ; les brigands se gorgèrent de liqueurs fortes, et s'encourageant mutuellement au meurtre, ils montent aux prisons...

La victime est amenée sur le haut d'un escalier large et rapide, là les bourreaux l'attendent ; ils sont armés de barres de fer, et rangés sur deux haies jusques au bas des degrés; au moment où elle se présente, un grand coup assené sur sa tête la renverse, elle roule les marches ensanglantées, chaque assassin frappe ce corps défiguré, et lorsque encore palpitant il arrive au bas de l'escalier, deux brigands s'en emparent et le précipitent dans une tour profonde qu'on appelle la glacière.

Les cris des premières victimes ayant pénétré jusque dans les cachots, il fallut en arracher par la violence les prisonniers , qui , se tenant fortement aux barreaux de leur prison , y eurent les poingts coupés ; une mère demandant grace pour son fils , vit ce fils égorgé sous ses yeux ; jeté dans le gouffre encore vivant , sa voix éteinte gémissait encore : *Tu demandes ta mère !* lui crient ces cannibales, *tiens, la voilà,* et l'infortuné recevant sur sa poitrine le cadavre de l'auteur de ses jours , cessa de gémir ; deux pères tenaient fortement embrassés leurs deux fils , leurs larmes, leurs cris déchirans , auraient attendris des tigres , ils tombent sous les mêmes coups ; la jeune fille qui s'était refusée aux désirs impudiques d'un scélérat, est égorgée par ce monstre ; on exerce sur le corps d'une femme enceinte les plus horribles cruautés ; un vénérable prêtre , son crucifix dans les mains , reçoit la mort à genoux en priant pour ses bourreaux ; des femmes demi-nues sont arrachées de leurs lits, traînées jusques au lieu du massacre et livrées à la brutalité et à la rage des assassins.... Le carnage dura jusqu'à l'aurore, et le détail des horreurs qui s'y commirent est épouvantable. Pendant trois jours les cris plaintifs des malheureux qui avaient été précipités encore vivans dans la tour s'entendirent , l'écho de ses vieilles murailles répétaient ces gémissemens lugubres dans le voisinage, plusieurs habitans abandonnèrent leurs maisons et se retirèrent dans des quartiers plus éloignés.....

Les Commissaires nommés par l'assemblée ayant pris possession d'Avignon, avec plusieurs régimens de ligne, furent suivis par plus de trois mille citoyens qui avaient abandonné leurs foyers. Des poursuites furent dirigées contre les brigands , et sur quatre-vingt-cinq qui furent arrêtés , il ne s'en trouva que quinze d'Avignon. (*)

(*) O calomnie, déesse implacable et perfide , dont le souffle empoisonné flétrit et donne une mort anticipée , qui dans tes jeux impies , non-seulement environnes la tête du juste d'une auréole d'infamie , mais couvres les cités entières d'un brouillard empesté , que tu as bien choisi de fixer ta résidence dans le cœur du révolutionnaire !..... Villes du midi , dont le noble patriotisme devrait servir de modèle à tout le royaume , vous qui toujours fidelles et toujours dévouées , frémissez des dangers qui menacent votre bon roi ; c'est vous que la calomnie accuse , c'est vous qu'elle montre à l'Europe comme peuplées de brigands et d'assassins , et ce sont les restes impurs des massacreurs de septembre et de la glacière , ce sont les bourreaux de nos pères qui versent sur nos têtes la coupe de l'imposture...

Je vais démontrer arithmétiquement l'absurdité de ces odieuses manœuvres. Il est une ville que la perversité révolutionnaire a rempli de désolation et de larmes , cette ville est Avignon ;

Des juges pris dans les départemens
voisins instruisirent leur procès , et
lorsque la conviction de leurs forfaits

écrivant l'histoire de ses longs malheurs , je
puis nombrer avec vérité les victimes des diver-
ses factions.

Morts dans les ennemis de la révolution.	*Morts dans les partisans de la révolution.*
10 Juin 1792 6	Tués par les Marseil-
Après le 10 juin	lais. 7
jusqu'à la glacière. 15	Commission d'Oran-
Glacière. 69	ge , guillotinés. . . 7
Lanternés. 10	L'Huissier 1
Guillotinés 385	En combattant dans
Fusillés. 49	l'affaire de Bour-
Noyés. 19	sault. 3
Pendant la fédéra-	Tué en 1797. 1
tion de 1815 . . . 3	En 1815 5
———	———
556	24

Où sont les assassins et les victimes ? Com-
parez et jugez.

Extrait du *Franc Libéral ou le Censeur du Midi.*
Ouvrage inédit.

fut acquise , que leur jugement allait
être rendu, ils trouvèrent des protec-
teurs dans le sein même du corps législatif ; un prêtre nommé Bassal, qui
avait été curé à Versailles , invoqua
pour eux un décret d'amnistie , et
Vergniaux dans un discours où respirait la violence et une haine implaca-
bles envers les ennemis de la révolution , détermina l'assemblée à cette
lâche infamie.

CHAPITRE IV.

Bonnet Rouge. La guerre est déclarée. Comité autrichien. Licenciement de la garde royale. Mort du général Dillon. Lettre de La Fayette à l'assemblée.

Le décret d'amnistie en faveur des bourreaux de la glacière , répandit la consternation dans la capitale , chacun fut accablé de sinistres pressentimens , et l'impunité accordée à de si grands crimes en fit prévoir de plus affreux.

Les Suisses de Château-Vieux qui avaient été condamnés aux galères après l'insurrection de Nancy , furent également amnistiés , et l'assemblée s'avilit jusqu'à les recevoir dans son sein. Ils y entrèrent en triomphateurs précédés d'une horde de factieux portant des bonnets rouges au bout de piques. Une fête leur fut donnée au Champ de Mars.

Depuis lors le bonnet rouge fut l'attribut du jacobinisme et la terrreur des citoyens paisibles. Pour avoir le droit de parler aux tribunes des clubs , il fallait être affublé de cet ignoble bonnet. On tenta d'en couvrir la tête des législateurs , mais un reste de pudeur, força celui qui avait fait cette indécente motion , à abandonner sa misérable coiffure.

L'anarchie continuait de régner dans le midi ; Avignon était retombée sous la verge des glaciéristes ; le régiment suisse , Ernest , qui maintenait l'ordre à Aix , fut obligé d'obéir à un général révolutionaire , qui lui ordonna de poser les armes devant une poignée de factieux ; la ville d'Arles qui s'était préservée de l'influence démagogique , est forcée d'ouvrir ses portes à une

bande de brigands venus de Marseille,
qui n'y veulent pénétrer que par une
large brèche qu'ils font à ses murailles
et qui s'y livrent aux plus grands désordres. Le triomphe des anarchistes dans
ces provinces où la chaleur du climat
influe fortement sur l'exagération des
opinions , leur donnait des auxiliaires
impétueux , qui foulant aux pieds les
nouvelles comme les anciennes lois ,
demandaient le renversement du trône
et la mort des partisans de toute espèce de monarchie. Ces adresses des
clubs méridionaux étaient lues et vivement applaudies aux jacobins , et leur
donnaient une audace turbulente qui
plongeait la capitale dans une conti-
nuelle et violente agitation.

Tant que le Roi eut pour ministre
l'infortuné Delessard , que le sage
Léopold vécut , la guerre malgré les
vociférations des agitateurs ne fut pas

déclarée ; mais le parti qui la désirait en Allemagne ayant trouvé plus de dispositions à ce système dans le jeune Empereur , le cabinet autrichien ne l'éluda plus et parut déterminé à ramasser le gand que les démagogues de l'assemblée ne cessaient de lui jeter par l'emportement de leurs discours outrageans ; aussi les nouveaux ministres se hâtèrent de le prévenir ; ils représentèrent au Roi que le salut de la France , son indépendance , le maintien de la constitution dont ils étaient responsables exigeaient que la guerre fût déclarée. Le Monarque voyant qu'elle était inévitable , se transporta à l'assemblée , et dit : Qu'après avoir épuisé tous les moyens de conserver la paix , il venait formellement proposer la guerre contre le roi de Hongrie et de Bohême. Cette proposition fut décrétée à la presque unanimité.

Trois corps d'armée se formèrent sous le commandement des généraux la Fayette , Luckner et Rochambeau. Ces deux derniers venaient de recevoir le bâton de maréchal de France. L'effrayant cri de guerre retentit d'un bout du royaume à l'autre , de nombreux bataillons de gardes nationales s'organisèrent rapidement, et la lutte dans laquelle des millions d'hommes devaient périr fut engagée.

Quelques amis de la monarchie voulant opposer une digue au torrent révolutionnaire répandaient des pamflets anti - jacobins , dirigeaint l'esprit de plusieurs journaux, avaient des gens qui combattaient les démagogues dans les groupes , dans les cafés , ils employaient aussi les placards pour populariser la cause royale que le bas peuple séduit par les prédications anarchiques abandonnait tous les jours davantage. Les factieux irrités de cette opposition, crièrent à la trahison, ils accusèrent la cour de vouloir pervertir l'esprit public et dénoncèrent l'existence d'un *comité autrichien*, dénomination qu'ils imaginèrent pour irriter la multitude, qu'on agite facilement avec des mots. Il ne fut plus question que du *comité autrichien*, et tout ce qui n'était point jacobin, fut membre ou agent du prétendu *comité autrichien.*

MM. de Montmorin et Bertrand de Molleville, dénoncés dans la feuille de Carra comme membres de ce comité, et craignant les suites d'une pareille inculpation, formèrent une plainte juridique contre ce journaliste. Dans un interrogatoire que lui fait subir le juge de paix Larivière, celui-ci déclare tenir le fait de Merlin, Bazire et Chabot , membres du comité de sûreté générale : ces derniers l'avouent , et le juge , sans respect pour la représentation nationale , lance un mandat d'amener contre les trois députés. L'action courageuse de ce digne magistrat est dénoncée au corps législatif comme un crime de lèze-nation. L'infortuné Larivière , mandé à la barre , est décrété d'accusation , conduit à Orléans et périt bientôt victime de son noble dévouement. Brissot se chargea de prouver l'existence du comité autrichien ; mais son discours calomniateur n'étant basé sur la moindre preuve , ne produisit aucun fàcheux effet.

Outre les violences suscitées par l'effervescence démagogique , il y avait encore de grands désordres occasionnés par la cherté des grains ; dans une émeute M. Simoneau , maire d'Etampes fut assassiné. En opposition du triomphe des soldats de Château-Vieux, dont les hommes paisibles de la capitale avaient été indignés, les royalistes pour ranimer l'esprit public , résolurent d'honorer la mémoire de cette victime de la fureur populaire par une fête pompeuse qui contrastant avec celle que les jacobins avaient donnée aux assassins de Desilles , devait les humilier et rendre leur cause méprisable aux yeux du peuple. La fête eut lieu au Champ de Mars ; toutes les autorités y assistèrent ; mais les hommes de bien toujours faibles ne surent pas profiter de leur avantage , et les agitateurs reprirent bientôt leur audace ordinaire.

Des nouveaux décrets furent portés contre les prêtres , et la garde que la constitution accordait au représentant héréditaire de la nation fut cassée. Ces braves militaires étaient tous les jours en butte aux injures, aux outrages des démagogues ; ils essuyaient avec une modération sans exemple et une constance peu croyable dans des militaires français, les insultes et les huées dont on les accablait, dès qu'ils paraissaient dans le jardin des Tuileries. Plusieurs de ces gardes, sur le point d'être assommés, mirent l'épée à la main contre une troupe de furieux, et se rendirent au château, sans avoir versé une seule goutte de sang. La calomnie qui depuis le principe de la révolution, a été l'arme favorite que les ennemis du bien public ont maniée avec le plus d'adresse, envenima cette juste défense ; la tribune de l'assemblée retentit des déclamations les plus violentes ; on imagina une conspiration ; le Roi devait s'enfuir, la constitution devait être détruite, et c'est par le moyen des gardes que la Cour assurait la réussite de ces projets ; l'assemblée se déclare en permanence , la garde de Paris fut doublée, on licencia ces troupes dont l'attitude ferme en imposait aux factieux , et leur chef, l'intrépide Brissac , frappé d'un décret d'accusation , se constitua prisonnier contre la volonté de Louis , et périt ensuite dans le massacre de Versailles.

La faiblesse du Roi, en donnant son adhésion à ce décret et en licenciant cette garde qui était le dernier appui qui resta au trône , en accéléra l'écroulement ; aussi , faut-il en accuser les perfides ministres dont on l'avait forcé de s'entourer ; il avait écrit une lettre aussi pathétique que raisonnée pour motiver son refus de sanctionner , aucun des membres du conseil ne voulut la contresigner ; il proposa d'aller lui-même au corps législatif plaider la cause de ses gardes, les lâches, ils refusèrent unanimement de l'accompagner.

Les premiers combats que les Français livrèrent furent malheureux ; l'indiscipline, la mésintelligence entre les sous-officiers et leurs supérieurs ne contribuèrent pas peu à ces revers ; une déroute complète eut lieu aux environs de Tournay, les troupes se débandèrent en criant à la trahison, elles rentrent dans le plus grand désordre à Lille, et quelques soldats réunis à une populace effrénée massacrent leur chef, le général Dillon. Des régimens entiers passaient à l'ennemi, les officiers craignant d'être victimes de la fureur soldatesque émigraient ou se retiraient dans leurs terres ; le maréchal de Rochambeau se démit du commandement.

Le général la Fayette, détesté des anarchistes qui appelaient sur sa tête la vengeance révolutionnaire , craint des partisans de l'ancien régime qui le considéraient comme l'un des premiers auteurs de nos calamités , voyant la constitution sur laquelle reposait toute sa gloire , prête à s'engloutir avec lui dans l'abyme , écrivit à l'assemblée pour lui faire des remontrances sur sa pusillanimité à se laisser diriger par les plus forcenés jacobins , il ne craignait pas de lui dire que la plupart de ses décrets n'étaient que des arrétés de ce club. Il ne retira de cette démarche , que la dénonciation de *traître* dont le qualifièrent les orateurs des groupes ; on cria haro sur les lafayetistes comme on l'avait crié sur les aristocrates , et le jardin du Palais royal devint une arène fameuse par les combats de coups de cannes et de chaises dont les divers partis se gratifièrent.

CHAPITRE V.

Nouvelles entreprises contre le Trône. Lettre de Roland. Eloignement des Ministres jacobins. Journée du 20 Juin.

Les agitateurs ne perdaient point de vue leur but ; ils se méfiaient autant de la garde nationale de Paris que de celle qu'ils venaient de faire licencier. Le ministre de la guerre qui leur était dévoué, vint demander à l'assemblée qu'un camp de vingt mille hommes se formât sous les murs de la capitale ; un décret lui accorda sa demande. Cette proposition avait été faite à l'insu et contre les intentions de Louis XVI ; il était facile de prévoir que les premières opérations de ce corps , qui ne devait être composé que de volontaires choisis dans les contrées les plus dévouées au jacobins , seraient la déchéance du Roi, que les journaux incendiaires demandaient déjà publiquement. Les Parisiens indignés de la méfiance de l'assemblée, présentèrent une pétition pour que la loi proposée par le ministre *seul* fût révoquée, ils furent accueillis par les huées des anarchistes de l'assemblée et des tribunes, les honneurs de la séance leur furent refusés ; mais des nombreux renforts de nouveaux pétitionnaires de la garde nationale ayant inondé la salle, l'assemblée fut obligée de les leur accorder. Le Roi satisfait de la conduite des gardes nationaux et luttant contre les instances du ministère, refusa de sanctionner le décret.

Dans une lettre où les prêtres et les aristocrates étaient accusés de tous les désordres qui affligeaient le royaume, le ministre Roland se permettait de dicter des lois à Sa Majesté, et ne rougissait

gissait pas de dire : « que la révolution
» s'était faite par le sang, qu'elle serait
» cimentée par le sang, et que la sanc-
» tion de la loi était nécessaire au salut
» de la France. »

Le monarque lassé de l'opposition
d'un ministère qui loin de l'aider
à conserver sa puissance se liguait
au contraire avec ses ennemis les plus
acharnés pour la détruire, retira le
porte-feuille à Roland, Clavière et Servan ; peu de temps après, il acheva de le
renouveler entièrement. Les sceaux furent donnés à MM. Joly, secrétaire-
greffier de la commune, Dubouchage
obtint le porte - feuille de la marine,
de la Jarre celui de la guerre, Beau-
lieu les finances, et Terrier-du-Mon-
ceil eut le département de l'intérieur.
Ce dernier opposa aux jacobins leurs
propres armes, il inonda les provinces
d'écrits favorables à la cause royale et

provoqua de la part des autorités, des arrêtés contre les perturbateurs.

La fermeté que développa Louis XVI en renouvelant un ministère perfide et en refusant de sanctionner les décrets contre les prêtres et du camp sous Paris, exaspéra les conjurés ; ils virent leurs projets déjoués, résolurent de frapper les derniers coups, et se servirent de leurs ressources favorites, les séditions.

Le ministre de l'intérieur instruit des manœuvres des agitateurs, ordonna au directoire du département de veiller à la tranquillité publique, le directoire chargea le maire Péthion de disperser les attroupemens ; mais celui-ci qui en était le directeur, ne se servit de son autorité que pour les protéger.

Le 20 Juin 1792 , sous le prétexte de planter un arbre de la liberté et de rédiger une pétition, les séditieux se réunirent au nombre de plus de dix mille , armés de fusils , de piques, de faux et de bâtons ferrés , ils se rendirent à l'assemblée devant laquelle ils défilèrent tambours battans , de là ils se portèrent sur le château. Ayant trouvé les portes fermées ils les brisèrent, et un canon fut porté à force de bras dans la salle des gardes. Louis XVI après avoir fait retirer la Reine et ses enfans, retourna se joindre à quelques serviteurs fidelles qu'il trouva occupés à barricader la porte de l'œil-de-bœuf que les assaillans s'efforçaient d'enfoncer , un paneau tombe et laisse voir la bouche d'un canon pointé contre Sa Majesté et la mèche allumée prête à y mettre le feu. A cet aspect quelques braves mettent l'épée à la main ; mais Louis plus calme leur ordonne de mettre le glaive dans le fourreau et d'ouvrir la porte à deux battans. A la vue du Roi, qu'elle croyait caché, la foule reste un instant immobile ; une voix sans doute dans un dessein louable, s'écrie : *Avant d'exécuter la justice nationale, il faut l'entendre.* A ces mots, la multitude étonnée laisse aux défenseurs du monarque la faculté de relever les piques dirigées contre lui, et de le faire retirer dans une travée où il fut moins à portée des assassins chargés de lui donner la mort. Du centre de cette troupe furibonde, l'on voyait s'élever trois espèces d'enseignes dont l'une représentait une guillotine avec ces mots : *Pour le tyran* ; la seconde était une potence avec cette inscription : *Pour Antoinette* ; et sur la troisième on voyait un morceau de chair en forme de cœur, cloué tout sanglant sur une planche, sur laquelle on lisait : *Pour les prêtres et les aristocrates.*

La tête de la Reine était demandée

à grands cris ; ayant aperçu Madame Elizabeth : *Voilà l'Autrichienne*, s'écrient quelques forcenés. *Il faut la saisir.* — *Ce n'est pas la Reine*, leur dit-on. *Ah ! laissez-les dans l'erreur*, répond la généreuse Princesse, *et courez vîte empêcher ma sœur de venir.* Effectivement la Reine arrivait, et lorsque M. Aubier la conjure de s'arrêter : *Non*, dit-elle, *voulez - vous me déshonorer en m'empêchant d'aller mourir à côté du Roi.* Plusieurs Dames l'obligent de rester en plaçant une table en travers la porte, sur laquelle on assied ses enfans.

Quand donc nous enverrez-vous les têtes de monsieur et de madame veto, s'écriaient avec les accens de la rage, les bandits qui étaient dans les cours, dans le jardin, ceux montés aux fenêtres des étages élevés, ceux enfin qu'on voyait jusque sur les toits.

Les piques étaient toujours dirigées

contre le Roi , on le menaçait de la déchéance et de la mort s'il ne sanctionnait pas les décrets contre les prêtres. *Je renoncerais*, répondit-il avec fermeté, *plutôt à ma couronne que de participer à une pareille tyrannie de conscience.* Et pour prouver sa résignation, il se laissa couvrir la tête d'un bonnet rouge. On lui présente une bouteille, en lui proposant de boire à la santé du peuple, il boit sans hésiter. On lui observe que la boisson peut être empoisonnée. *Eh bien ! je mourrai sans sanctionner*, répliqua-t-il. Un grenadier de la garde nationale paraissant vouloir le rassurer ; il lui prend la main, la pose sur son cœur : *Voyez*, lui dit-il, *comme il est calme.*

Le bataillon des Filles Saint-Thomas, arrivant par l'escalier des Carraches, donna la faculté de faire passer la Reine dans la salle du conseil à l'instant même où une troupe furieuse enfonçait les portes pour pénétrer jusqu'à elle. On la fit placer derrière une table entourée de gardes nationaux. Tous les passages ayant été forcés, la malheureue Princesse fut obligée de prendre des mains d'un furieux qui l'accablait d'injures, un bonnet rouge et de le placer sur la tête du Dauphin. L'énorme colonne des séditieux occasionnant une chaleur excessive, le petit Prince paraissait accablé de sa fatigante coiffure. *Otez le bonnet à cet enfant*, dit Santerre d'une voix élevée, *il a trop chaud*, et s'approchant de la Reine, il lui reprocha la protection qu'elle accordait aux prêtres et aux émigrés : *C'est le cri de la France*, ajouta-t-il. — *Je ne fais l'injure au peuple français de le juger d'après vous*, répondit la Princesse avec dignité; *je reconnais les Français*, continua-t-elle, et montrant les gardes nationaux qui la protégaient, *dans les honnêtes gens que voilà.*

Le boucher Legendre crie que le peuple a des demandes à faire. *Ce n'est pas ici le moment de demander, ni celui d'accorder,* répond le vertueux Louis.

Plusieurs députés péroraient sans succès au milieu de cette populace, pour l'engager à se retirer, et depuis près de quatre heures la famille royale était en butte à ses menaces, lorsque le maire arrive, et aborde le Roi en lui disant : *Sire, je viens d'apprendre à l'instant la situation dans laquelle vous êtes.* — *Cela est bien étonnant,* répond le monarque avec sévérité, *il y a plus de trois heures que cela dure.* Alors M. Péthion monte sur une banquette, harangue l'attroupement et l'invite à évacuer le château ; mais ses farouches auditeurs hésitant de se rendre à son invitation. *Le peuple a fait ce qu'il devait faire*, continue le perfide magistrat, *vous avez agi en hommes libres ; mais en voilà assez, je vous ordonne de vous retirer.* Et cette horde docile à la voix d'un de ses chefs, se retire en répétant contre la reine, les mêmes invectives.

On entendit les moteurs de ces désordres, se dire dans le jardin des Tuileries, le coup est manqué.

Le député Dumas en rendant compte à l'assemblée des dangers qu'avait couru la famille royale, ne fut accueilli que par des murmures, sur-tout lorsqu'il dit qu'il avait vu le Roi avili sous un bonnet rouge ; mais lorsqu'il peignit sa tranquillité courageuse dans de si affreuses conjonctures, des applaudissemens d'admiration se firent entendre. Mais ces hommages forcés, que les vertus sublime de ce bon Roi arrachaient à ses ennemis même , étaient bientôt effacés par de nouveaux outrages, et ce fut inutilement que M. Daverhoult demanda que les autorités de la capitale comparussent à la barre pour motiver leur inaction, et que le ministre de la justice ordonnât sur-le-champ des informations rigoureuses contre les instigateurs de ces attentats. Les agitateurs continuèrent par des placards incendiaires à préparer les esprits à une nouvelle sédition. On lisait sur les murs du faubourg St.-Antoine : *Pères de la patrie , nous nous levons une seconde fois , nous denonçons un roi perfide et coupable de haute trahison , nous demandons que sa tête tombe sous le glaive de la justice , et si nous ne sommes pas écoutés , nous irons punir les traîtres parmi vous.* Cette affiche fut dénoncée aux législateurs qu'elle menaçait , par le ministre de l'intérieur :

Le sort de la France, leur dit-il, *est en vos mains, il dépend des mesures que vous prendrez d'ici à ce soir.* Et cette assemblée aussi faible que coupable, se contenta d'inviter les bons citoyens à la fidélité envers la constitution et au maintien de la tranquillité publique.

CHAPITRE VI.

Proclamation du Roi. Pétition des vingt mille. Décret qui met la Patrie en danger. Fédération du 14 Juillet. Démission des Ministres. Divers plans d'évasion. Division dans les partis royalistes. Remarque judicieuse de la Reine à ce sujet.

L'INSURRECTION du 20 Juin n'ayant pas eu, au gré des agitateurs, les résultats qu'ils en espéraient, le courage des amis de la monarchie parut se relever. La belle proclamation du Roi, qui déclarait que « comme représen- » tant héréditaire de la nation, et ayant » des devoirs sacrés à remplir, il ferait » le sacrifice de son repos, mais jamais » celui de ses devoirs, » excita dans toute la France une indignation profonde contre les démagogues ; vingt mille citoyens de la capitale signèrent

une

une pétition où la punition des autorités qui avaient empéché les gardes nationaux de s'opposer aux factieux, était demandée; de tous les points du royaume, des adresses exprimèrent le même vœu; le général la Fayette vint demander au nom de l'armée, justice et vengeance de la violation de la constitution en la personne du monarque et la suppression de la secte jacobine ; mais la lâcheté des hommes de bien , et la perversité des révolutionnaires atténua et acheva de détruire le bon effet que toutes ces démarches avaient produit. Le marquis de la Fayette après avoir eu la faiblesse de se refuser à l'offre que lui fesaient les grenadiers de la garde nationale de marcher sous ses ordres pour bouleverser et anéantir l'infernale société dans le lieu même de ses séances , retourna à son armée.

Le département n'écoutant que la

voix du devoir, avait suspendu le maire et le procureur de la commune, le Roi confirma cet arrêté , mais l'assemblée les fit réintégrer.

L'évacuation de Menin , Ypres et Courtray , porta l'alarme dans le corps législatif , un décret déclara la patrie en danger. Cette loi , qui donnait un pouvoir immense aux factieux, fut plutôt dirigée contre le trône que contre les ennemis.

Dans ces jours de crise et d'anxiété on célébra la fête du 14 Juillet. Six cents Suisses et plusieurs bataillons de grenadiers de la garde nationale environnèrent le Roi et le préservèrent des dangers dont il était menacé. Une lettre que la Reine avait reçu , lui désignait jusqu'à l'homme qui devait porter le coup de poignard. Cet homme fut reconnu parmi ceux qui déposèrent sur l'autel de la patrie une énorme pierre prise parmi les décombres de la Bastille. Les conjurés répondirent à l'interpellation du serment de *fidélité à la Nation, à la Loi et au Roi*, par le serment d'achever la conquête de la liberté, c'est-à-dire, le renversement du trône. Malgré les cris forcenés de *vive Péthion ou la mort*, les hommes fidelles qui environnaient l'infortuné Monarque, lui épargnèrent la douleur d'ouïr ces clameurs séditieuses, en lui fesant entendre le cri continuel de *vive le Roi*. On proposa à Louis XVI de profiter des serviteurs dévoués dont il était entouré pour sortir de la capitale; il s'y refusa.

Les ministres dénoncés comme des conseillers perfides donnèrent leur démission, après avoir fait connaître à l'assemblée que tous les désastres qui accablaient le royaume n'étaient dus qu'au machiavélisme des clubs. Le Roi nomma à l'intérieur Champion, la marine fut confiée à Dubouchage, le Roux-de-la-Ville obtint les contributions publiques, Dabancourt fut promu au département de la guerre , et Bigot de Sainte-Croix reçut le porte-feuille des affaires étrangères. Ce dernier se défendant d'accepter le ministère : *Que de difficultés*, lui dit Louis XVI, *pour être ministre d'un roi de quinze jours.*

Cependant les girondins parurent un instant se rattacher à la constitution, déjà leurs orateurs se fesaient remarquer par la modération et la sagesse de leurs opinions ; mais le Roi s'étant refusé à rappeler les ministres révolutionnaires et le fameux et impolitique manifeste du duc de Brunswick ayant paru : *Jusqu'à ce moment*, dirent-ils, *nous pouvions entrer en négociation, en comptant sur la générosité de Louis XVI ; mais ce manifeste ne nous laisse d'autre ressource que d'attacher le peuple à notre sort en lui fésant frapper sur le Monarque et la royauté , un coup de telle nature , qu'il perde tout espoir ; alors il faudra bien qu'il partage notre opposition à toute espèce d'arrangement.* Et la destruction totale de la monarchie fut irrévocablement résolue.

Un bataillon composé de tout ce que la Provence avait de plus violent fut organisé à Marseille, il traversa la France, se vantant hautement qu'il n'allait à Paris que pour donner la mort au tyran. Pas une ville n'osa l'arrêter dans sa marche. Cette troupe est à peine arrivée que les jacobins s'en emparent , et l'excitent au désordre, Santerre se met à sa tête ; suivis d'une populace effrénée, ils se portent aux Champs Elysées où se trouvaient réunis chez un restaurateur plusieurs grenadiers de la garde nationale, ils les insultent, ceux-ci veulent se défendre ; mais accablés par le nombre , après avoir vu massacrer un des leurs, ils se réfugient aux Tuileries. Le Roi fait lever le pont pour les mettre hors d'atteinte de leurs assassins, et la Reine panse elle-même leurs blessures.

Plusieurs bataillons de la garde nationale, indignés de cette provocation, se réunirent sur la place de la comédie italienne pour marcher contre les Marseillais ; mais sans ordre de la municipalité et sans chef qui voulût se charger du commandement , ils n'osèrent agir.

Dans ces tristes conjonctures, l'infortuné Louis XVI ne savait à quel parti s'arrêter, les uns proposaient de fuir à Compiégne où l'armée de la Fayette serait à portée de le secourir; d'autres lui conseillaient de se retirer en Normandie où le bon esprit des peuples semblait lui assurer un asile ; mais le peu d'énergie qu'avait montré le général la Fayette dans son dernier voyage à Paris, fit abandonner le premier projet ; à l'égard du dernier : *Comment pourrons - nous résister*, dit le Roi à ceux qui lui en parlaient, *à cent mille furieux que les agitateurs mettront à notre poursuite, avec 600 Suisses et 300 gentilshommes. Car pouvons-nous compter sur les gardes nationaux Parisiens qui sont tous des chefs de maison et qui certainement n'abandonneront pas leurs familles à la furie des jacobins, pour nous suivre, et qui, s'ils ont l'intention de combattre pour nous, préféreront le faire lorsque notre sort sera inséparable du leur. Dans tous les cas, quel serait le résultat de cette démarche, la déchéance, la république, ou d'Orléans lieutenant-général du royaume, et puis la belle chose que de s'em-*

barquer dans quelque bateau pêcheur pour aller faire le roi Jacques, *je ne sais où!* Et ce prince malheureux se résigna à attendre la mort dans son palais.

Une des grandes causes de la chûte du trône est dans la jalousie qui existait dans les divers partis qui étaient intéressés à la conservation de la monarchie, division dont les ennemis du bien public ont su dans tous les temps tirer un grand avantage. Les uns voulaient l'ancien régime sans nulle réforme; les autres une constitution pareille à celle de la Grande-Bretagne; des parlementaires redoutaient la contre-révolution dans la seule crainte qu'elle ne ramenât les Jésuites; les partisans des nouvelles lois voulaient la constitution sans aucune modification; aussi la Reine disait quelques jours avant le dix Août : *Les royalistes se perdent, faute de s'entendre ; toutes les fois qu'un des trois ou quatre partis gagne quelque influence, voilà les autres réunis pour l'entraver, par-là, on prive le Roi de la possibilité de tout réunir.* Elle avait raison ; puissent ces quelques mots servir de leçon aux Français vingt-cinq ans plus tard !

L'instant fatal arrivait, une multitude d'étrangers affluait dans la capitale, ils étaient organisés en compagnies et payés régulièrement. Cinquante Génois logeaient ensemble dans la rue Sainte-Marguerite au faubourg Saint-Antoine. Des comités insurrectionnels se formaient dans tous les quartiers de la ville et correspondaient avec le club des jacobins, d'où émanaient les instructions et les ordres nécessaires à la réussite de leurs projets parricides. Les révolutionnaires dominaient dans plusieurs sections, ils dressent un procès-verbal pour demander la déchéance ; munis de cette pièce qu'ils donnent comme le vœu des habitans de Paris , ils somment le maire de se présenter à l'assemblée pour obtenir la déchéance. Péthion se rend au corps législatif et sa pétition est renvoyée à un comité. Dans ces entrefaites une insurrection se préparait, l'on se réunissait au Champ de Mars, l'on se soulevait dans les faubourgs , des nouveaux pétitionnaires viennent encore demander la déchéance, et ils obtiennent les honneurs de la séance malgré l'opposition de quelques hommes vertueux. Cependant , soit qu'ils ne fussent pas encore préts , soit que le maire eût quelques momens de remords , il fit une proclamation et le calme fut momentanément rétabli.

CHAPITRE VII.

JOURNÉE DU DIX AOUT.

LES instigateurs de la journée du 20
Juin restant impunis, les grenadiers
de la garde nationale ne recevant de
l'assemblée aucune satisfaction de l'assassinat de leurs frères d'armes, les
honneurs de la séance ayant été ac-
cordés aux séditieux qui avaient de-
mandé la déchéance ; tout fesait en-
trevoir que si le corps législatif n'était
pas le principal moteur de tous ces attentats, du moins ceux qui l'étaient,
pouvaient en commettre de nouveaux
sans avoir à craindre cette réunion
d'hommes chancelans ou pervers, qui ,
s'ils montraient parfois quelque énergie à repousser le mal , n'avaient jamais assez de courage pour l'attaquer,

le détruire et se délivrer de l'esclavage
où les tenait une horde de femmes fu-
ribondes et de brigands furieux qui
remplissaient les tribunes , environnaient la salle , et dont les clameurs ,
les menaces et les hurlemens décou-
rageaient les bons , épouvantaient les
faibles et excitaient une féroce hila-
rité dans une minorité factieuse ; et
lorsque le 8 Août un décret d'accusation fut proposé contre le général
la Fayette , les deux tiers de l'assemblée prononcèrent au milieu des poi-
gnards et des pistolets qu'on voyait
briller dans les mains des forcenés qui
occupaient les tribunes , et qui , exas-
pérés de n'avoir pas obtenu la victoire,
tentèrent d'assassiner les députés Vau-
blanc et Dumolard.

Le neuf Août l'assemblée fut infor-
mée que la section des Quinze-vingts
a arrêté , que si la déchéance n'est pas

décrétée, le peuple se leverait en entier pour marcher contre le château ; que le faubourg Saint - Antoine était dans la plus grande agitation ; Péthion lui-même dit qu'il y avait beaucoup de désordres ; le Roi invita le corps législatif de se rendre auprès de lui , afin de contenir par le respect de la représentation nationale , l'armée séditieuse qui allait fondre sur les Tuileries. Un ordre du jour fut la seule réponse que l'assemblée fit à tous ces avis alarmans , et elle continua paisiblement à s'occuper de la traite des Nègres.

A l'entrée de la nuit, les révolutionnaires s'emparent des sections , à minuit le tocsin sonne et appelle les conspirateurs aux armes. Dès le matin , ils forment une nouvelle municipalité et cassent l'état major de la garde na-

tionale. Les chefs réunissent leurs nombreuses bandes.

M. Mandar, commandant de la garde nationale, ayant obtenu du maire l'ordre de repousser la force par la force, avait triplé la garde du château ; mandé à la commune sous le prétexte de prendre des moyens de prévenir l'effusion du sang, il y est assassiné , son cadavre est jeté dans la Seine après qu'on lui eut enlevé l'ordre qu'il avait reçu du maire. Santerre est nommé pour le remplacer. Des grenadiers parisiens retenant Péthion aux Tuileries , l'assemblée par un décret le délivre.

La défense du château était confiée à 1800 gardes nationaux, 950 Suisses, 300 gentilshommes armés d'épées et de pistolets , et 600 gendarmes. Le Roi les passe en revue. *Pour cette fois*, dit-il, *je consens que mes amis me défendent ; nous nous sauverons ou nous périrons ensemble.* On battit au champ , les cris de *vive le Roi* se firent entendre , les canonniers y répondirent par le cri de *vive la Nation.* Deux bataillons du faubourg St.-Marceau arrivent dans ces entrefaites , ils montrent les mêmes dispositions que les canonniers , retournent de suite se mettre en bataille sur la place du Carrousel et pointent leurs canons contre le château.

Nous avons toujours vu dans nos jours de danger des fourbes adroits , qui par leurs perfides machinations paralysaient l'élan généreux des hommes dévoués ; il s'en trouvait parmi les gardes nationaux ; ces traîtres leur font remarquer les gentilshommes qui environnent la famille royale , cherchent à leur inspirer des jalousies , de la défiance , et parviennent à exciter des murmures. *Ce sont nos amis les plus fidelles*, répondit la Reine, à ceux qui lui fesaient part de l'inquiétude de la garde nationale , *ils vous obéiront en quelque poste que vous les placiez , à quelque péril que vous les exposiez. Mettez-les à l'embouchure du canon , ils vous feront voir comme on meurt pour son Roi : Et vous , Messieurs , souvenez-vous qu'en nous défendant aujourd'hui, vous défendez vos propriétés , vos enfans , dont la sûreté dépend de notre existence : vous ne devez pas avoir la moindre défiance de ces braves gens , ils soutiennent la même cause que vous , leurs dangers et les vôtres sont communs ; ils vous défendront jusqu'au dernier soupir.* Ces quelques mots furent reçus aux acclamations de la garde nationale , et les grenadiers électrisés , chargèrent leurs armes en présence de la malheureuse famille qui implorait leur protection. M. Dupont de Nemours rédigea une pétition pour demander à l'assemblée l'éloignement des fédérés, qui fut de suite couverte de signatures.

Le péril approchait, de nouveaux bataillons mêlés de piques, introduits dans les cours, les avaient aussitôt abandonnées en criant *vive la nation*, pour aller prendre position sur la place du Carrousel. Un officier municipal, après avoir fait un rapport alarmant sur la situation de la capitale, ajoute, que le peuple demande la déchéance. — *Eh bien ! que l'assemblée la prononce donc*, répond brusquement le ministre de la Justice. — *Et que deviendra le Roi ?* dit la Reine en s'adressant à l'officier municipal.... Celui-ci s'incline et garde un profond silence. Rœderer, organe du directoire du département, vint ajouter à la consternation, en disant : « que le danger était à son » comble, et qu'il ne pouvait là-dessus s'expliquer qu'avec le Roi. Introduit auprès de Sa Majesté, il lui annonce que les dispositions de la garde nationale sont incertaines, même dans la partie la plus disposée à le défendre, et que si le Roi ne prend sur-le-champ le parti de se rendre à l'assemblée, la famille royale et tous ceux qui l'entourent courent le risque d'être massacrés. La Reine justement indignée, répondit, qu'elle se ferait plutôt clouer aux murs du château que d'en sortir. Le tartuffe politique continue : *Voudriez-vous donc, Madame, vous rendre coupable de la mort du Roi, de celle de votre fils, de votre fille, de la vôtre même ? voulez-vous donc voir périr tout ce qui vous est cher, toutes les personnes enfin rassemblées ici pour vous défendre ?* Et l'infortunée, accusée de vouloir la mort de son époux, de ses enfans, de ses amis, se tut, soupira, et consternée, elle suivit le Roi, qui cédant aux instances de Rœderer, se rendit à l'assemblée. Plusieurs personnes accompagnaient Louis XVI. *Voulez-vous faire tuer Sa Majesté*, leur dit Rœderer? La reine pour les consoler, ajoute, *Nous reviendrons bientôt.* Et l'illustre et malheureuse famille abandonna pour toujours le palais de ses pères.

Les vociférations des jacobins, les cris sanguinaires, *la mort, la mort, nous ne voulons plus de tyrans.* Tels furent les sinistres auspices sous lesquels le Roi entra à l'assemblée. *Je suis venu*, dit-il, *pour épargner un grand crime, et je pense que je ne peux être plus en sûreté qu'au milieu des représentans de la nation.* — *Vous pouvez compter*, lui répondit le président, *sur notre fermeté, nous avons juré de mourir en soutenant les droits du peuple et les autorités constituées.* Le Roi était assis à côté du président , mais sur les observations de plusieurs membres que l'on ne pouvait délibérer lorsque le Roi était légalement présent, on fit placer la famille royale dans la loge du Logographe.

Un forfait horrible précéda l'attaque du château ; onze personnes furent arrêtées aux Champs Elysées, conduites à la section des Feuillans , une multitude féroce excitée par les clameurs de la fameuse Teroïgne de Mericourt , demande leurs têtes ; arrachés du sein de la section , ces malheureux furent égorgés. La jeune mégère s'attache avec acharnement après un jeune homme nommé Suleau , connu par des écrits contre la faction orléaniste , à peine l'a-t-il aperçu , qu'elle se jette sur lui avec furie ; à ce signal la bande assassine se précipite sur cet infortuné, il se débat , se saisit d'un sabre , frappe , mais accablé par le nombre , il

succombe. On traîna les cadavres de
ces onze victimes sur la place Ven-
dôme , on coupa leurs têtes qu'on
mit au bout de piques , elles furent
promenées dans Paris , et ne contribuèrent pas peu à y répandre l'effroi
et à rendre la consternation plus grande.

Les nombreuses bandes des séditieux se formaient en arrivant en bataille devant le château , celle du faubourg St.-Antoine était commandée
par le prussien Westerman, et celle du
faubourg St.-Marceau , par le polonais
Lazouski ; ainsi , deux étrangers gui-
daient les Français à la destruction d'un
trône , à l'ombre protectrice duquel ils
avaient vécu heureux pendant quatorze
siècles. Westerman demanda l'ouverture
de la porte royale , qui lui fut refusée.
Les gendarmes s'enfuirent au galop aux
Champs Elysées et tombèrent ensuite
à coups de sabre , sur les malheureux

qui après le combat cherchaient leur salut dans la fuite. La place du Carousel ayant été abandonnée aux révolutionnaires, ils firent leurs dispositions d'attaque. La confusion était dans l'intérieur du palais, sans commandement, sans ordre ; n'ayant plus rien à défendre, la plupart des soutiens de la monarchie se retirèrent. La porte royale ayant été enfoncée, les cours se remplirent d'hommes armés. Les canonniers tournèrent leurs pièces contre le château, et les Suisses immobiles, en bataille au pied de l'escalier, en imposaient encore à ces trente mille brigands.

Quelques hommes armés de piques avec des crocs attirent à eux cinq factionnaires Suisses, les dépouillent, les traînent jusqu'au pied du grand escalier où ils les massacrent aux acclamations de la multitude ; les Suisses indignés font feu , à ce signal les gentilshommes et les gardes nationaux, secondent les Suisses et tirent par les fenêtres sur cette foule immense , qui poussant des hurlemens affreux, s'enfuit en désordre ; les cours étant vides , les braves Suisses s'emparent des pièces , tirent un coup de canon à mitraille, et formant un feu de file roulant , s'avancent rapidement sur la place du Carrousel : tout fuit épouvanté , le mouvement rétrograde se communique jusqu'au faubourg St.Antoine, et la place du Carrousel reste aussi vide que les cours , on n'y voit plus que des morts , des blessés et des armes abandonnées.

Le coup de canon porta la terreur dans l'assemblée , la délibération fut suspendue. Le bruit se répand parmi les députés que les Suisses sont vainqueurs , que leurs compatriotes qui arrivent de Ruelle vont consolider la victoire ; les lâches, ils sont aux pieds du Roi , ils implorent sa clémence , et ce bon prince signant l'ordre aux Suisses de cesser le feu , à ceux de Ruelle de retourner sur leurs pas , donne lui-même le dernier coup de massue à son trône chancelant.

En ce moment les bataillons des Champs Elysées, du Pont-Neuf, de plusieurs autres sections , les Suisses de Ruelle , de Courbevoie , étaient en marche pour défendre le château ; les gendarmes n'auraient pas trahi s'ils avaient vu la victoire en balance , et à mesure qu'on aurait gagné du terrein sur les ennemis , les bons citoyens et cette foule d'hommes , qui dans les grandes villes où les opinions ne sont pas bien connues sont toujours du parti triomphant , auraient grossi les colonnes royales et achevé

la

la destruction des démagogues ; mais l'arrêt du ciel était porté, et Louis dans sa bonté signa sa mort et la ruine de la monarchie.

Les factieux, instruits par les meneurs de l'assemblée de la faiblesse du Roi et de la retraite des Suisses, reparurent ; les plus hardis s'avancèrent et de leur artillerie foudroyèrent le château ; les Suisses ne tiraient plus et les gardes nationaux prévoyant les suites funestes qu'aurait l'extrême bonté du Roi, abandonnèrent un champ de bataille où il leur était défendu de vaincre ; aussi les portes furent bientôt forcée, et le massacre commença. Les Suisses se voyant impitoyablement égorgés se défendirent près d'un quart-d'heure sur le grand escalier et firent mordre la poussière à plus de cinq cents brigands. Dans tous les postes ils vendirent chèrement leur vie et forcés de céder à une foule innombrable et toujours croissante d'ennemis, ils périrent presque tous.

Les horreurs qui se commirent dans le château sont inouïes, tous les Suisses qui furent pris furent immolés, horriblement mutilés et jetés par les fenêtres; on vit des femmes qui surpassaient en barbarie les bourreaux les plus féroces; les domestiques furent précipités dans le feu des cuisines; des femmes et des personnes effrayées s'étaient retirées dans la chapelle, la porte est enfoncée, tout est égorgé; un orateur jacobin se barbouilla la figure du sang encore fumant d'un Suisse qu'il venait d'immoler; un autre arrache le cœur à un de ces malheureux, l'emporte, et l'on prétend qu'il le trempa dans de l'eau de vie brûlée et le dévora. Si dans cet affreux carnage quelques personnes échappèrent, elles ne dûrent leur salut qu'aux Marseillais qu'on remarqua dans cet horrible massacre plus occupés à sauver les jours de plusieurs dames et autres personnes de la cour, qu'avides de verser le sang de femmes éplorées ou d'hommes sans défense. Les effets les plus précieux furent la proie du pillage ou détruits par la dévastation. On mit le feu aux bâtimens, qui bordaient les cours, et ce ne fut qu'avec beaucoup de peine, qu'on parvint à l'éteindre. Soixante prisonniers Suisses à qui on avait promis la vie furent égorgés sur la place de Grève. Cette boucherie ne cessa que vers les trois heures, elle coûta la vie à près de cinq mille hommes.

Pendant seize heures que le Roi et sa famille passèrent dans la tribune du Logographe, ils furent les tristes témoins de l'écroulement de la monarchie ; sans nourriture et en butte aux plus dures humiliations , ils entendirent les discours d'une foule de pétitionnaires furieux qui venaient demander la déchéance et la tête du tyran ; ils virent décréter cette déchéance , la mise en activité des ministres pervers qui avaient conspiré contre le trône, la destruction des statues de leurs ancêtres , l'abolition de la distinction des citoyens actifs et non actifs , la formation du fameux camp sous Paris : *Aussi*, disait le Roi , dans sa douleur, *si tout ce qu'ils décrètent n'avait pas été préparé , je leur aurais bien défié de le faire et en aussi peu de temps.*

Les Suisses , qui , avec les bataillons des petits Pères et des filles St.-Thomas avaient accompagné Louis XVI à l'assemblée , ceux qui par son ordre, après avoir mis en fuite les jacobins , étaient retournés auprès de lui, furent désarmés , emprisonnés , et dans la suite égorgés au 2 septembre.

A minuit la déplorable famille fut conduite dans l'intérieur du couvent des Feuillans. Le Roi pria long-temps , même assez haut , et dans un moment d'affliction profonde , il s'écria : *Charles I.er avait bien plus d'amis que nous et de plus constans : il a péri , que pouvons-nous attendre !....*

Paris était en proie à tout ce que la plus abjecte populace a de plus immonde , une foule innombrable d'étrangers dont les figures convulsives et les traits horribles annonçaient la férocité y répandait une sombre épouvante. Des troupes d'hommes ivres , armés de piques et portant de lambeaux sanglans des habits des Suisses , et conduites la plupart par des gens de loi du plus bas étage, parcouraient les rues en poussant des hurlemens affreux.

Ah ! dit le Roi, lorsqu'on lui fit le tableau de la désolation de la capitale, *le royaume est perdu et sans qu'il y ait de ma faute, quoiqu'on en puisse dire.*

Malgré la dépravation des meneurs de l'assemblée, elle ne put supporter davantage sous ses yeux les humiliations dont la famille royale était abreuvée, et elle se détermina à éloigner ce spectacle importun ; l'on proposa de placer ce précieux dépôt au Luxembourg ou à l'hotel de la Chancellerie ; mais la commune souveraine, qui, après avoir abattu la royauté, dictait des lois à la méprisable assemblée, fit décréter qu'il serait renfermé au Temple, où Péthion et Manuel le conduisirent à travers les huées et les imprécations d'une horde frénétique de factieux.

CHAPITRE VIII.

Naissance du pouvoir excessif de la Commune. Entreprise de la Fayette. Elle échoue. Tribunal extraordinaire. Supplice de plusieurs royalistes. Mouvement des armées étrangères. Discours de Monsieur, frère du Roi.

MAINTENANT la France ne va plus être gouvernée par le pouvoir exécutif, ni même par la puissance législative ; une audacieuse municipalité va dicter des lois aux législateurs, et les ministres trembleront devant le moindre des municipes. C'est du conseil général de la commune de Paris que les foudres révolutionnaires vont être lancées ; c'est dans son sein que les décrets seront préparés , rédigés. d'avance et ensuite promulgués sans discussion par un corps législatif pusillanime ; c'est cette perverse commune , qui , composée d'hommes la plupart inconnus , dirigés par Roberspierre , Danton , Marat, etc. va donner la première l'exemple terrible et funeste des visites domiciliaires et des tribunaux populaires ; qui livrera aux fureurs de la populace et à la hache des bourreaux les hommes de tous les partis qui voudront entraver sa marche ambitieuse ; et qui, pour parvenir à la toute-puissance, épouvanter ses ennemis et justifier ses attentats, va prendre l'affreuse dénomination de *Conseil général révolutionnaire du 10 août.* Elle violera le secret des postes ; organisera des bandes armées , qui , chargées de parcourir les environs de la capitale pour y arrêter les aristocrates, y répandront la terreur et s'y livreront à tous les désordres ; elle enverra des commissaires dans les départemens pour exciter ses digues affiliées à la prendre pour modèle dans son effroyable énergie ; elle plongera dans les fers des milliers de citoyens dont elle redoutera les lumières , le courage et les vertus ; c'est elle enfin, qui organisera l'effroyable boucherie du 2 septembre , et qui invitera les municipalités de l'empire à l'imiter dans cet horrible carnage.

Les ministres qui avaient soutenu de leurs conseils un trône prêt à s'écrouler, les premiers révolutionnaires qui n'étaient plus à la hauteur des nouveaux principes , les Barnave , les Lameth , les la Fayette furent décrétés d'accusation. Ce dernier dans une note énergique avait vainement cherché un appui dans ses troupes ; sûr de l'opinion des provinces du Nord , il conçut le projet de marcher sur Paris et de venger l'outrage fait au chef de l'état dans la journée du 10 août ; mais au lieu d'agir, de se diriger avec rapidité sur la capitale , il temporisa , il consulta les autorités civiles ; les jacobins ayant corrompu ses soldats, il n'eut que le temps de fuir, et cet homme , qui avec plus d'audace pouvait devenir le Timoléon de la France, ne fut plus qu'un transfuge d'autant plus malheureux , qu'il se vit repoussé de tous les partis. Avec moins d'enthousiasme , plus de confiance et d'attachement envers le bon Louis XVI, et surtout de défiance des anarchistes , il eût pu faire de grandes choses ; néanmoins il est encor considéré comme l'un des premiers auteurs de nos maux poliques , et cela , parce qu'il ne sut pas qu'en révolution les lois se taisent devant les passions, que le plus fort les interprète à son gré, et que, quel que soit le respect que l'on doit avoir pour elles , il faut quelquefois en couvrir les tables d'un voile , pour leur donner une plus longue durée, qui seule peut leur assurer le respect des peuples ; et si dans son voyage à Paris, il n'eût pas porté à la constitution cette religieuse vénération qu'on lui attribue, peut-être cette même constitution, modifiée dans la suite par des législateurs plus calmes, existerait encore. A peine le général la Fayette eut dépassé les frontières, qu'il tomba dans un détachement de l'armée alliée, fut conduit à Luxembourg, et de là, traduit dans les prisons d'Olmutz, où son épouse et ses deux filles vinrent partager son infortune.

L'assemblée législative, pour justifier sa coupable lâcheté envers le représentant héréditaire de la nation, publia un exposé, rédigé par le *philosophe* Condorcet, où accusant le vertueux Louis XVI de conspirer avec les prêtres et les émigrés contre la liberté elle avait cru, disait-elle, sauver la patrie en décrétant la déchéance et proclamant la convocation d'une convention nationale.

Un tribunal extraordinaire fut institué pour juger les vaincus qu'on appelait conspirateurs. A peine installé, il condamna à la peine capitale, M. de la Porte, intendant de la liste civile ; Bachman, major des Suisses ; et le poëte du Rozoi ; ce dernier, exécuté aux flambeaux le 25 août, s'écria sur l'échafaud : *Il est glorieux à un martyr de la cause des Rois, de périr le jour de la Saint-Louis.*

L'Europe attentive et le regard fixé sur la France, parut sortir de sa longue stupeur en apprenant la désastreuse nouvelle de l'écroulement du plus ancien de ses trônes. L'Angleterre rappela son ambassadeur, et le célèbre Pitt s'écria : *La liberté d'un vol rapide a traversé la France, et les Français n'ont su ni la saisir, ni la fixer.* Les alliés agirent avec plus de vigueur, le roi de Prusse se rendit à l'armée à la tête de 80,000 hommes, en laissa le commandement au duc de Brunswick et servit comme volontaire. Les émigrés au nombre de 14,000 étaient commandés par le maréchal de Broglie. Les Princes sans commandement marchaient à la suite de l'armée. Cette astucieuse politique d'éloigner du commandement ceux pour qui l'on feignait de combattre, causera dans la suite bien des maux aux alliés et justifiera aux yeux de la postérité les nombreux et éclatans triomphes des Français.

Monsieur, frère du Roi, adressa, le 24 août, le discours suivant aux émigrés :

« *Messieurs*, c'est demain que nous » entrons en France ; ce jour mémo-

» rable doit influer nécessairement sur
» les opérations qui nous sont confiées,
» et notre conduite peut fixer le sort
» de la France. Vous n'ignorez pas les
» calomnies dont nos ennemis ne ces-
» sent de nous accabler, et le soin
» qu'ils ont de répandre que nous ne
» rentrons dans notre patrie que pour
» assouvir nos vengeances particulières.
» C'est par notre conduite, messieurs,
» c'est par la cordialité avec laquelle
» nous recevrons les Français égarés
» qui viendront se jeter dans nos bras,
» que nous prouverons à l'Europe en-
» tière que la noblesse française, plus
» illustre que jamais par ses malheurs
» et sa constance, sait vaincre ses en-
» nemis et pardonner les erreurs de
» ses compatriotes. »

CHAPITRE X.

Prise de Longwi et de Verdun par le duc de Brunswick. Mesures atroces des révolutionnaires. Opposition et lâcheté de l'assemblée. Massacres de Septembre. Egorgement des prisonniers d'Orléans.

L'ARMÉE du duc de Brunswick, forte de quatre-vingt mille hommes, s'avançait rapidement sur le territoire français, les villes de Longwi, de Verdun étaient tombées en son pouvoir. A ces nouvelles effrayantes pour les jacobins, la fureur du désespoir s'en empare, les mesures extrêmes, les résolutions les plus atroces sont prises; les places se couvrent d'échafauds où des orateurs frénétiques excitent les hommes de tous les âges à marcher contre l'ennemi; les patrouilles se succèdent dans les rues en conduisant dans les prisons

des hommes suspects à l'affreuse Commune, et la destruction des partisans
de la royauté fut définitivement arrêtée.

Le sanguinaire Danton fit entendre
le 28 août au soir ces paroles terribles
à la tribune de l'assemblée : *Il faut une
convulsion nationale pour faire rétro-
grader les despotes, il faut que le peuple
se roule en masse sur les ennemis, il faut
en même temps enchaîner tous les conspirateurs.* Il obtient un décret qui per-
met des perquisitions nocturnes chez
tous les habitans de Paris, et les premières visites domiciliaires, fruits un peu
acerbes de l'arbre de la liberté, commencèrent. Un arrêté de la commune
ordonna que les rues seraient éclairées,
que les sections suspendraient leurs
séances et que toutes les voitures ces-
seraient de circuler à dix heures du
soir ; les barrières furent fermées et
les communes voisines de la capitale

furent invitées à poursuivre les malheureux qui tenteraient de les franchir.

A minuit les féroces agens de la Commune se divisent les quartiers de la capitale et arrachent pendant le repos sacré de la nuit à leurs femmes et à leurs enfans demi-nus et éplorés, des citoyens paisibles, accusés du crime imaginaire de conspiration. Trois mille personnes furent incarcérées dans cette nuit déplorable. Les arrestations continuèrent pendant plusieurs jours. Les prisons régorgeant de malheureux détenus, les églises, les colléges, les séminaires furent métamorphosés en maisons d'arrêt.

Cependant la faible assemblée législative prévoyant qu'elle allait être elle-même victime des violences désespérées de l'ambition démesurée de la redoutable Commune, rendit un décret qui cassait la municipalité et

le conseil général. Les hommes qui avaient fait la journée du 10 août et qui préparaient celles du deux et trois septembre, ne se croyaient pas vaincus par de simples décrets, et le secrétaire du conseil général, mandé par le corps législatif pour rendre compte de sa conduite, leur répondit avec l'audace du crime puissant: «Qu'étant
» munis de pouvoirs illimités par le
» souverain, ils n'avaient pas dû re
» connaître d'autre règle que leur vo
» lonté. Nous avons, ajouta-t-il, fait
» arrêter les prêtres perturbateurs, et
» dans peu de jours le sol de la liberté
» sera purgé de leur présence. Le peu
» ple a dit aux représentants de la
» Commune, allez en mon nom et
» j'approuverai ce que vous aurez
» fait...... » Et l'impuissante assemblée, tremblant devant ses nouveaux
et farouches maîtres, soumise au

despotisme des tribunes céda le sceptre qu'elle avait arraché des mains du malheureux Louis à quelques misérables obscurs dont les noms même lui étaient inconnus.

Fière de la victoire qu'elle venait de remporter sur la première autorité du royaume, l'épouvantable Commune résolut de porter les derniers coups à ses ennemis abattus , en procédant au massacre général de tous les infortunés qu'elle avait fait emprisonner. Les hommes d'exécution sont réunis dans les clubs *des fédérés* et des *vainqueurs de la Bastille*, et là, des orateurs sanguinaires par des discours atroces justifient d'avance les crimes auxquels ils les excitent. *Auparavant d'aller terrasser les despotes , leur disent-ils , il faut exterminer des scélérats qui profiteraient de notre absence pour égorger nos femmes et nos enfants et qui sont plus avides du sang des patriotes que les Prussiens et les Autrichiens eux-mêmes.*

Le 2 septembre 1792 , la perfide municipalité proclame le danger imminent de la patrie , invite les citoyens à se réunir au Champ de Mars pour marcher à l'ennemi ; le tocsin sonne , la générale bat , et les bandes d'égorgeurs qui n'attendent que l'affreux signal se dirigent sur les prisons. Chemin fesant , elles rencontrent dans la rue de Bussy plusieurs voitures de prêtres , qui , condamnés à la déportation , avaient été arrêtés aux barrières , et renvoyés dans les prisons pour y être immolés. A peine les assassins ont-ils reconnu ces hommes vénérables , qu'ils s'élancent sur eux comme des tigres furieux , les arrachent des voitures et à coups de sabre les hachent au milieu de la rue. Cette horrible exécution terminée en un instant fut l'affreux prélude du massacre général de tous les détenus.

Dans les prisons de l'Abbaye et de la Force quelques misérables prenant le titre de juges du peuple s'installent à côté du guichet ; sur la table de l'odieux tribunal on voit des bouteilles, des pipes et les listes des prisonniers ; à côté de chaque nom, des notes plus ou moins fatales écrites par les instigateurs secrets de ces forfaits, dictent à ces juges-bourreaux les terribles arrêts qu'ils ont à exécuter. La malheureuse victime après un court interrogatoire, est conduite à la rue par deux assassins qui crient à l'*Abbaye* si le massacre avait lieu à la Force, et *à la Force*, si c'était à l'Abbaye. A ce signal convenu, les bourreaux armés de sabres, de piques et de haches, s'en emparent, l'assomment et la mettent en pièces. Les cris perçans de ces infortunés ayant

pénétré dans les prisons, l'abbé l'Enfant, confesseur du Roi et l'abbé de Rastignac, montent à la tribune de la chapelle de l'Abbaye, ils invitent les détenus à se recueillir pour recevoir leur bénédiction. « Un mouvement
» électrique qu'on ne peut définir, dit
» M. de Saint-Méard, nous précipita
» tous à genoux, et les mains jointes
» nous la reçûmes.... A la veille de
» paraître devant l'Être Suprême, age-
» nouillés devant deux de ses minis-
» tres, nous présentions un spectacle
» indéfinissable; l'âge de ces deux vieil-
» lards, leur position au - dessus de
» nous, la mort planant sur nos têtes
» et nous environnant de toutes parts,
» tout répandait sur cette cérémonie une
» teinte auguste et lugubre ; elle nous
» rapprochait de la Divinité, elle nous
» rendait le courage ; tout raisonne-
» ment était suspendu, et le plus froid,

« le plus incrédule, en reçut autant
» d'impression que le plus ardent et le
» plus sensible. Une demi-heure
» après, les deux prêtres furent mas-
» sacrés, nous entendîmes leurs cris.

» Mais quel est l'homme qui lira les
» détails suivans, sans éprouver les
» crispations et les frémissemens de la
» mort ! quel est celui dont les che-
» veux ne se dresseront pas d'hor-
» reur !.....

» Notre occupation la plus impor-
» tante était de savoir quelle serait la
» position que nous devions prendre
» pour recevoir la mort le moins dou-
» loureusement, quand on nous con-
» duirait dans le lieu des massacres.
« Nous envoyions de temps à autre
» quelques-uns de nos camarades, à
» la fenêtre de la tourelle, pour nous
» instruire de celle que prenaient les
» malheureux qu'on immolait, et pour

» calculer, d'après leur rapport, celle
» que nous ferions bien de prendre ;
» ils rapportaient que ceux qui éten-
» daient leurs mains souffraient beau-
» coup plus long-temps, parce que les
» coups de sabre étaient amortis avant
» de porter sur la tête ; qu'il y en avait
» même dont les bras et les mains
» tombaient avant le corps, et que
» ceux qui les plaçaient derrière le
» dos, devaient souffrir beaucoup
» moins : tels étaient les horribles dé-
» tails sur lesquels nous délibérions....

Lorsque tous les prêtres de l'Abbaye furent égorgés, on se jeta sur
les Suisses. Le capitaine Reding,
couvert des blessures qu'il avait reçues
le 10 Août, fut chargé sur les épaules
d'un des bourreaux, tandis qu'un
autre lui coupe la gorge dans l'inter-
valle de temps que l'on met à parcourir l'espace qui sépare sa prison de

la rue, où son cadavre est jeté. Tous les prisonniers furent immolés. Si un jugement d'absolution est rendu, trois espèces d'huissiers en instruisent les tueurs, ils conduisent le prisonnier acquitté, auquel on fait mettre le chapeau sur la tête, dans la rue, et proclament son absolution par ces mots: *Citoyens, chapeaux bas, voilà celui pour lequel vos juges demandent aide et secours.* A ce signal, les égorgeurs suspendent leurs coups, enlèvent l'absous sur leurs bras ensanglantés, le conduisent au milieu de quatre torches à travers les cadavres mutilés, le couvrent de baisers dégoûtans, crient vive la nation, le mettent sous la sauve-garde du peuple, jurent de lui prêter assistance, déclarent qu'il est sacré, que si quelqu'un le frappe il périra sur-le-champ, et le reconduisent jusqu'à son domicile.

Les mêmes exécutions eurent lieu dans toutes les prisons et s'y continuèrent jusqu'au 6 Septembre. A la Conciergerie on égorgea dans l'intérieur ; le ministre Montmorin fut une des victimes. Les cadavres des prisonniers du Châtelet furent amoncelés sur le Pont au Change. Aux Carmes et à St. Firmin on dédaigna les formes d'un tribunal factice, on les assomma sans les entendre, on les poursuivit dans les chapelles, sur l'autel, dans les jardins, on les tuait à coups de sabres, de baïonnettes, on abattait à coups de fusils ceux qui s'étaient réfugiés sur les arbres ou qui escaladaient les murailles. A Bicêtre, le carnage fut plus meurtrier, les détenus dont le nombre était considérable opposèrent de la résistance, la Commune envoya contre eux la force armée, on les mitrailla, ils périrent tous.

Le nombre des victimes qui furent immolées dans ces journées d'exécrable mémoire est d'environ quatre à cinq mille.

Plusieurs personnes dûrent leur salut à des traits dignes d'être conservés par l'histoire. Un horloger couvrit de son corps le célèbre abbé Sicard, instituteur des sourds et muets. La fille de l'octogénaire Cazotte se précipite au milieu des assassins, au moment même où le glaive était levé sur cette tête que les ans avaient respecté. *Vous n'arriverez à mon père qu'en me perçant le sein*, s'écrie-t-elle, avec l'accent d'un sublime désespoir ; les armes tombent des mains des bourreaux, et cette héroïne de la piété filiale dérobe son père à la rage des assassins. Un si bel exemple imité par M.lle Sombreuil eut également le bonheur d'obtenir le même résultat. La princesse de Tarente pressée par des gens qui voulaient la sauver, de dire un mot contre la Reine; ce mot, elle refuse de le prononcer, et les bourreaux saisis d'admiration proclament son innocence malgré ses juges même. L'infortunée princesse de Lamballe, condamnée d'avance, eut un sort bien différent; sommée de jurer haine à la Reine son amie, elle eut la grandeur d'ame de répondre par un *non* fortement prononcé, elle fut livrée à la rage des égorgeurs, qui exercèrent sur son corps les barbaries les plus révoltantes. Elle fut éventrée, son cœur arraché fut porté à la pointe d'une épée, sa tête au bout d'une pique, et le corps tout sanglant fut traîné dans les rues de la capitale. Les cannibales qui commettaient ces horreurs se dirigèrent vers le Temple; arrivés sous les fenêtres de la Reine, ils poussent des cris affreux, annoncent qu'ils veu-

leut montrer à *Madame véto* les restes
mutilés de son amie et qu'ils viennent
lui faire subir la même destinée. Cléry
et la femme Tison dînaient dans cet
appartement : cette femme à la vue de
cette tête ensanglantée jette un grand
cri, et les forcenés croyant avoir enten-
du dans ce cri la voix de la Reine, font
entendre des horribles éclats de rire. Le
Roi instruit par Cléry cache cette déplorable nouvelle à son épouse. Par des
hurlemens effroyables, les massacreurs
demandent à pénétrer dans l'enceinte
du Temple, ils disent que la famille
royale n'est plus dans la tour, que si
véritablement elle s'y trouve, elle pa-
raisse aux croisées pour voir la manière
dont les conspirateurs sont punis. Les
commissaires s'y opposent fortement et
tendent un ruban tricolore à la porte
du Temple avec cette inscription : *Citoyens, vous qui à une juste vengeance*

savez allier l'amour de l'ordre, respectez cette barrière, elle est nécessaire à notre surveillance et à notre responsabilité.

Cependant les assassins insistaient violemment pour pénétrer dans les cours et demandaient que plusieurs d'entr'eux fussent s'assurer, si réellement le Roi n'avait pas été enlevé. Quatre de leurs députés furent introduits : « L'un d'eux, (dit le fidelle Cléry, dans son journal,) portant deux épaulettes et armé d'un grand sabre, insista pour que les prisonniers se montrassent à la fenêtre : les municipaux s'y opposèrent. Cet homme dit à la Reine du ton le plus grossier : « On veut » vous cacher la tête de la *Lamballe* » que l'on vous apportait, pour vous » faire voir comment le peuple se venge » de ses tyrans ; je vous conseille de » paraître, si vous ne voulez pas que » le peuple monte ici. » A cette menace la Reine tomba évanouie , je volai à son secours , Madame Élizabeth m'aida à la placer sur un fauteuil : ses enfans fondaient en larmes et cherchaient par leurs caresses à la ranimer. Cet homme ne s'éloignait point ; le roi lui dit avec fermeté : « Nous nous » attendons à tout , monsieur ; mais » vous auriez pu vous dispenser d'ap- », prendre à la Reine ce malheur af- » freux. » Il sortit alors avec ses camarades , leur but était rempli. »

« La Reine revenue à elle , mêla ses larmes à celles de ses enfans , et passa avec la famille royale dans la chambre de Madame Élizabeth , d'où l'on entendait moins les clameurs du peuple. Je restai un instant dans la chambre de la Reine ; et regardant par la fenêtre , à travers les stores , je vis une seconde fois la tête de madame la princesse *de Lamballe* ; celui qui la

portait était monté sur les décombres des maisons que l'on abattait pour isoler la Tour, un autre à côté de lui tenait, au bout d'un sabre, le cœur tout sanglant de cette infortunée princesse. Ils voulurent forcer la porte de la tour, un municipal nommé *D'anjou* les harangua, et j'entendis très-distinctement qu'il leur disait : « La tête
» d'Antoinette ne vous appartient pas,
» les départemens y ont des droits,
» la France a confié la garde de ces
» grands coupables à la ville de Paris :
» c'est à vous à nous aider à les gar-
» der, jusqu'à ce que la justice na-
» tionale venge le peuple. » Ce ne fut qu'après une heure de résistance qu'il parvint à les faire éloigner. »

Nous terminerons le récit fatigant de ces horreurs, par l'affreux carnage des prisonniers de la haute-cour d'Or-léans. Le démagogue Fournier, le même qui avait tiré un coup de pistolet au marquis de la Fayette , sous le prétexte qu'il y avait un projet d'enlever les prisonniers , se porte sur Orléans à la tête de douze cents brigands , choisis par la Commune. La garde nationale de cette ville refuse de leur céder la garde des détenus ; un combat est prêt à s'engager : Fournier propose aux Orléanais de consentir à ce que les prisonniers fussent conduits à Paris , ils ont la faiblesse de souscrire à cet arrangement, et les victimes entassées sur des mauvaises charrettes partent sur-le-champ. Le grand procureur, Garan Coulon , en fait instruire l'assemblée , qui , craignant la barbarie de la Commune , envoie des Commissaires pour empêcher l'arrivée des prisonniers dans la capitale. Ces Commissaires rencontrent le convoi à Etampes , leur présence donna un rayon d'espoir à ces infor-tunés ; mais les commissaires ayant été insultés par la troupe de Fournier qui demandait violemment d'aller à Paris , celui-ci ordonna qu'on se di-rigeât sur Versailles.

Ce fut le 9 Septembre que ces mal-heureuses victimes des fureurs révolu-tionnaires y arrivèrent ; une populace féroce envoyée de Paris et ameutée sur leur passage fit entendre des cris de mort. Ils devaient être conduits à la Méhagerie ; parvenus à la grille de l'orangerie , qui se ferma à leur appro-che , des cris affreux *à bas les têtes* , sont le prélude du massacre. Vainement le maire et les officiers municipaux ordonnent à Fournier de les protéger; celui-ci commande froidement à sa troupe de prendre une autre route , à ce signal , les assassins s'élancent sur les voitures , et malgré le dévouement

-du maire Lacoste , qui couvrit de son corps plusieurs victimes, sur cinquante-trois prisonniers quarante-sept furent égorgés. Quinze assassins exécutèrent seuls cette horrible boucherie , et cela en présence de douze cents hommes armés , ayant quatre pièces de canon. Là , périrent l'intrépide Brissac , commandant de la garde du Roi , qui se défendit comme un lion ; les ministres Dabancourt , Delessart ; le juge de paix Larivière ; les évêques de Mende , du Mans , et plusieurs hommes respectables , que leurs vertus courageuses avaient fait accuser du crime imaginaire de lèze-nation. Après cette abominable exécution , les quinze assassins soutenus pour une multitude affamée de carnage , se portèrent aux prisons , et y mirent tout à mort.

CHAPITRE XI.

Horrible circulaire de la Commune. Election des Membres de la Convention. Hostilités entre la Commune et le Corps Législatif. Lâcheté de l'Assemblée. Fin de sa session.

Pour rendre la France entière complice des forfaits qu'elle venait de commettre, et établir entre les égorgeurs de la capitale et ceux des départemens une horrible solidarité, la sanguinaire Commune envoya à toutes les municipalités du royaume, une circulaire où on lisait ces passages affreux : « La » Commune de Paris se hâte d'infor- » mer ses frères de tous les départe- » mens, qu'une partie des conspira- » teurs féroces, détenus dans les pri- » sons, a été mise à mort par le peu- » ple : actes de justice qui lui ont » paru indispensables pour retenir par

la

» la terreur ces légions de traîtres ca-
» chés dans ses murs , au moment où
» ils allaient marcher à l'ennemi , et
» sans doute la nation entière , après
» les longues suites des trahisons qui
» l'ont conduite sur les bords de l'aby-
» me, s'empressera d'adopter ce moyen
» si efficace de salut public. . . . . . .
» Nos frères sont invités à mettre cette
» lettre sous presse et à la faire passer
» dans les municipalités de leurs ar-
» rondissemens. . . . . . .

A Meaux , à Melun , à Reims , à
Lyon et dans plusieurs autres villes ,
cette invitation au meurtre, fut la sen-
tence de mort des malheureux prisonniers , qui par leurs opinions et leurs
richesses étaient devenus l'objet de la
haine des jacobins.

Le féroce Danton fut le principal
instigateur de toutes ces horreurs , il
en arrêta le plan avec les chefs de la

Commune , le 1er Septembre. Santerre le commandant de la garde nationale fut toute la journée du 2 , à l'hô-
tel-de-ville , pour attendre des ordres
qu'il savait bien qu'on ne lui donne-
rait pas. Le maire Péthion , renfermé
chez lui , tremblant déjà pour lui-même , n'osa s'opposer à des forfaits qu'il
aurait pu empêcher, s'il avait eu le courage d'ordonner aux premiers citoyens
qu'il eût rencontré sur ses pas de le
suivre ; la ville entière, tant l'indignation était grande , aurait marché. Aussi
ces premiers républicains qui montrèrent tant d'ardeur et de témérité pour
ensevelir le bon Louis sous les débris
de son trône , auront aux yeux de la
sévère histoire, leur mémoire entachée
pour n'avoir pas eu la force d'ame de
s'opposer à ces forfaits abominables, et
d'avoir fondé leur république sous des
auspices aussi horribles.

La terreur qu'inspirèrent ces massacres éloigna des assemblées les hommes de bien, les scélérats seuls y parurent, et si quelques bons citoyens osèrent s'y montrer, ils furent les victimes de leur patriotisme. Le corps électoral de Paris forcé de tenir ses séances aux jacobins sous la *bénigne* influence des égorgeurs des prisons, nomma à la représentation nationale, les Roberspierre, Danton, Marat, Camille-Desmoulins, Panis, Sergent, Fréron, d'Orléans qui venait de renier son nom pour prendre celui d'*Egalité*, etc. Voilà comment se firent dans toute la France, les élections qui nommèrent à cette convention nationale dont nous allons lire l'épouvantable histoire. Presque tous les départemens gémissant sous le joug de l'anarchie n'élurent que des hommes plus ou moins pervers, et si quelques députés intrépides, abjurant d'anciennes erreurs pour combattre des scélérats qu'ils rougissaient d'avoir pour collègues, montrèrent qu'il y avait encore quelques Français dans cette réunion d'hommes féroces ou aveugles, la plupart ont péri, et la postérité juste, quoiqu'inflexible, couvrira leurs fautes des lauriers que leurs combats périlleux et leur mort glorieuse leur ont justement mérités.

L'assemblée législative avant de céder à la convention le sceptre qu'elle semblait posséder aux yeux fascinés de la nation et qu'elle avait si lâchement abandonné à la terrible Commune, voulut montrer un instant d'énergie. Sur la dénonciation du ministre Roland que la municipalité avait fait incarcérer plus de cinq cents personnes après les massacres, Vergniaux s'élance à la tribune, demande si la nation doit être régénérée par des as-

sassinats et des égorgemens en masse ?
L'assemblée décrète , que le conseil
général est responsable de tous les attentats qui se commettraient dans Paris,
et défend sous peine de mort de sonner
le tocsin et de tirer le canon d'alarme
dans la ville où elle fixerait sa résidence.
La commune répondit à ces décrets
par des listes de proscription de quatre
cents députés , du ministère entier à
l'exception de Danton , et l'assemblée
épouvantée céda la place à un nouveau
corps législatif, à qui elle a l'affreuse
obligation d'avoir par des forfaits inouis
dans l'histoire des siècles , atténué
aux yeux de la postérité ceux dont elle
s'était souillée.

Fin de l'assemblée législative.

TABLE
DES MATIÈRES
Contenues dans ce Volume.

Fin de la Table.